青春美文精品集萃丛书·美好时代系列

美好青春的畅游

《中学生博览》杂志社 选编

时代文艺出版社

图书在版编目（CIP）数据

美好青春的畅游 /《中学生博览》杂志社选编. -- 长春：时代文艺出版社, 2021.6
（青春美文精品集萃丛书. 美好时代系列）
ISBN 978-7-5387-6785-8

Ⅰ.①美… Ⅱ.①中… Ⅲ.①作文-中小学-选集 Ⅳ.①H194.5

中国版本图书馆CIP数据核字(2021)第100295号

美好青春的畅游
MEIHAO QINGCHUN DE CHANGYOU
《中学生博览》杂志社　选编

出品人：	陈　琛
责任编辑：	徐　薇
装帧设计：	孙　利
排版制作：	隋淑凤
出版发行：	时代文艺出版社
地　　址：	长春市福祉大路5788号　龙腾国际大厦A座15层　（130118）
电　　话：	0431-81629751（总编办）　0431-81629755（发行部）
网　　址：	weibo.com/tlapress（官方微博）　sdwycbsgf.tmall.com（天猫旗舰店）
开　　本：	880mm×1230mm　1/32
字　　数：	135千字
印　　张：	7
印　　刷：	三河市嵩川印刷有限公司
版　　次：	2021年6月第1版
印　　次：	2021年6月第1次印刷
定　　价：	36.00元

图书如有印装错误　请寄回印厂调换

编 委 会

编委会主任：刘翠玲 夏野虹 高 亮
编　　　委：宁 波 孟广丽 张春艳
　　　　　　李鹏修 苗嘉琳 姜 晶
　　　　　　王 鑫 李冬娟 王守辉

Contents 目　录

岁月不说话

桃子丢失了她的水晶　/　木卫四　002
天作之合也敌不过时间不配合　/　倩倩猪　012
岁月不说话　/　花瑾瑜　026
向十七岁半的先生道歉　/　海　宁　033

飘不到远方的云朵

"失恋"记　/　Supreme　038
看！那群可爱的人　/　绸　缪　043
月半弯　/　月下婵娟　049
飘不到远方的云朵　/　木子李　061

陪你私奔到月球

陪你私奔到月球　/　浅悦幽然　082
末塔的猫　/　流萤回雪　102

不是每一个童话都只是童话

沐芝芝的爱情不转弯　/　陌浅狸　114
错过的礼物　/　小妖寂寂　124
不是每一个童话都只是童话　/　马佳威　127
微光世界　/　倩倩猪　138
第 124 封信　/　清　水　157

那些散落在阳光里的温暖

陪梁笑笑度过漫长岁月　/　左　海　182
那些散落在阳光里的温暖　/　琼雨海　196
等风吹净沙　/　林　文　204

岁月不说话

桃子丢失了她的水晶

木卫四

十五岁的时候,桃子觉得老齐特别厌。

同桌冰淇说她每次跟她爸去超市,她的总经理爸爸总会给她一张一百块,然后说帮爹买包芙蓉王,其他的随便你。

而桃子每次跟老齐说学校要交补课费、要买辅导书、要去春游……老齐统一的问题都是:"多少钱?三十六块八?"然后真的从钱包里,慢慢摸出三张十块、一张五块、一张一块、一张五毛、三张一毛……

每张纸币,不管新旧,都被压得平平整整,正气凛然地盯着桃子,让桃子有一种阴谋被看穿的羞愤感!

什么爸爸啊!一毛钱便宜都不让她赚!

她只好早餐少杯粥、中餐少个蛋地从自己的生活费里省,一个星期五十块的生活费,她愣是省了一个多月才凑足一百三十五块，赶在老妈三十八岁生日当天，送了她一瓶玉兰油的多效修护霜。

老妈感动得热泪盈眶，亲了桃子一大口。但更让她感动的是，老齐送了一块一月前假装带她去看却又嫌贵没有买的金表。

父女俩在预谋筹划保密这一块果然心灵相通惊人的相像！

但姜还是老的辣，相比修护霜老妈显然更喜欢金表，连亲了老齐十口还不算，还发嗲地喊了一声"谢谢老公"。嗲得桃子胆汁都要吐出来了！

这种胆汁都要吐出来的恶心感，从家里一直延续到回学校的大巴上。

随着大巴司机一脚油门一脚刹车，桃子感觉中午吃的那个韭菜馅饼顺着自己的食管，一上一下地涌动，心口堵得难受，头晕！恶心！嘴巴里发苦！

就在一个巨大的转弯到来之时，桃子再也忍不住了！她一边用手捂着嘴巴，一边猛拉窗户，偏偏这个快要退休的公交窗户的卡子死死咬住锁眼，她又手软心急，哆嗦着开了几下都没有成功。

就在她马上就要忍不住吐在车厢里时，旁边伸过来一个塑料袋，桃子再也顾不了什么少女淑女形象，哇哇哇吐得眼泪鼻涕一把一把。

吐完了，再毫不客气地接过隔壁递过来的纸巾，擦擦擦。擦完再直接拿了隔壁的水壶，漱口！哇哇哇呸呸呸！终于爽了，喷着酸气咧嘴一笑，转头对着旁边的救星说："嘿，谢谢你。"

桃子看过金庸，她知道什么叫"一见杨过误终身"。

但她死也没想过这一幕会发生在她身上，并且还在她这么狼狈的时刻。月亮一样，又长又宽阔的眼睛，刀锋一样的下颌，坚挺的鼻梁，向上弯的嘴角。最最要命的是，他有涵养地看着她笑，看着她的眼睛，温和地问："好些了没？"这种和风细雨的气质，是学校里那群鸡飞狗跳翻墙去网吧的男生死都没有的！

就在一瞬间，刚刚还是女汉子的桃子，闭紧了自己的臭嘴巴，偷偷地拂了刘海儿，捧着塑料袋的手也往后缩了缩。

她扭捏地抿嘴，点了点头。

"那我帮你把那个丢了吧。"他指了指那个装满污浊之物的袋子。

多么细心啊！多么体贴啊！多么有风度！就在桃子内心呐喊和震撼时，大叔已经提着她的袋子，下车了，消失了！

数学课上，"眼镜王"在讲解这个三角形和那个圆形面积相等的概率是多少。

桃子问冰淇："你说我跟那个大叔在一起的概率是多

少？"

第二节课，讲抛物线，冰淇说："你们不是遇到过吗？"桃子问："那下一次呢？"

冰淇悄悄地在桌下握住了桃子的手，换了一种充满温度的语气轻轻地对她说："桃子，第一，上天让你撞见了一次美好，是你的幸运，就算没有下一次，也要心存感激，不要有太多的强求，这样的你会不快乐。第二，我要听课了！麻烦你别再跟我讲话啦！"

桃子只好"噢"了一声，沉默。

大概真的是缘分？这年的元旦晚会上，桃子再一次地看见了大叔，他站在台上帮学校里的一个摇滚乐队调音响，穿了一件黑色薄棉衣，薄得仿佛一阵风就能吹走，显得他有一种干净而清爽的消瘦。

整个晚会桃子就像一只焦躁的蚂蚱，动来动去，不住地央求冰淇："好冰淇，美冰淇，那个摇滚主唱不是给你递过条子吗，你去帮我问他要大叔的联系方式呗。"

冰淇说："当时不是你说，那男的头发五颜六色，长得丑还夸张让我这辈子都不要理他吗？"

桃子恨不得跪下来扇自己，"我错了啊，那叫艺术啊！他又会唱又会跳还这么潮，我们快点儿跟他做朋友吧！"

最终在含着泪签署了"五顿肯德基加以后放学都绕道陪冰淇回家"的"不平等条约"后，桃子终于了解了大叔的基本情况。他名叫陈有树，二十八岁，经营一家乐器行，会吉他、笛子、古筝，各种乐器！无女友！

听到最后这条，桃子觉得十顿肯德基都值了！

最开心的是，五颜六色的摇滚主唱还帮桃子想了个办法，大叔现在应该叫陈有树了，业余时间会开设一些吉他培训班，八百块钱就可以学一个月，一个月的亲密接触啊！带上冰淇两个人一起报名还可以打九五折！再加上摇滚男，三个人一起可以打八折！八折啊！

一切都很顺利，除了跟老齐拿那八百块钱。

桃子就不明白了，为什么拿两万块钱给老妈买块金表就很值得！给自己八百块钱学吉他就是浪费钱学没用的东西三天打鱼两天晒网耽误学习跟这种没有执照的人还不如上网跟着视频学……

"你怎么知道他没有执照，你怎么知道没用，你怎么知道我不会坚持！"桃子哭了。

这么多年来，她知道老齐是她的亲爹，但她深深地觉得她爹对她不好，不亲，不是那种不给饭吃的不好，而是一点儿也不宠溺她，什么都让她独立！让她自己想办法！不给她任何撒娇打滚的机会，生生地把她往一条女汉子的路上逼。

她从小到大没有跟老齐提过任何非分的要求，从来都是自己能做的自己扛，自己不能做的想办法去解决，她恨恨地想，如果我工作了就好了！我工作了自己赚钱了就再也不看他的脸色，跟他要一分钱了！

看桃子哭天抢地伤心欲绝，和老妈的一句话"她想学就让她学吧"的分上，老齐勉强同意了，但要求是，要桃子写一份借贷声明，写清楚这八百块是跟老齐借的，以后长大了要还。

桃子就像抽风了一样抽抽泣泣，屈辱地签了字。

第一节课，是吉他欣赏，陈有树弹了水木年华的《借我一生》。

他低着头边弹边唱："借我你的一生/你说好不好/就算有一天我动也动不了……"

桃子恨不得在心底大声呐喊："好！"

桃子却被陈有树点名，"这位同学，注意听，别发呆。"

一堂课下来，陈有树演示的时候，桃子就盯着他盯得魂都要出来了，到了陈有树手把手教的时候，她就紧张得语无伦次，手脚僵硬，头也不敢抬。

倒是从小学钢琴的冰淇，一点就通，笑得自信而美丽。

下课回家的时候，桃子沮丧透了，她好怕自己跟不上，下一堂课更被陈有树看不上了。

冰淇却搂着她的肩亲热地说："没关系啦，大不了以后下了课我再给你讲一次，下次我穿丑一点儿！"

果然后来的课，冰淇一次穿得比一次雷不说，还越来越邋遢，头也不洗，经常油渍渍地就来听课。这样一来，桃子有自信了，头也敢抬了，胸也坐挺了。

陈有树也经常细腻而温柔地给她讲解。

阳光打在他身上，印成一张油画。

桃子希望时光停留在这一刻，即使以后没有任何发展。

但是好景不长，三堂课后，陈有树跟她说，学吉他要自己买吉他比较好，别人的怎么练都会手生，他这里的租借时间已到，下堂课每个人请自带吉他，或交六百八十元让他代为购买。

一想到上次跟老齐要钱时老齐那张脸，桃子就烦得头都大了！

幸好，明嘉，哦，就是五颜六色的摇滚男，说他家有一把老旧的二手吉他，他可以借给桃子。

自从冰淇为了衬托桃子每天把自己弄得邋里邋遢后，明嘉不但没掉头走开，反而透过现象看到了本质，哇，穿得这么土还是这么美！

桃子和冰淇都对明嘉印象好转，这一次的雪中送炭更是让桃子忍不住想给他点个赞！

到了下一周的吉他课上，冰淇和明嘉拿着六百八十元买来的新琴，桃子抱着明嘉给的旧吉他。

不知道是不是心理原因，桃子总觉得自己低人一等。

特别是陈有树大声地强调："琴就是你们的朋友，别人的永远会让你手生，每个人都应该有一把自己的琴。"

陈有树并没有看桃子，但桃子却觉得句句都像是针对着她，她忍不住分了心，练习的时候更是一塌糊涂，一段曲子，十个里面错了五个。

平时温文尔雅的陈有树今天看起来也有点儿浮躁，一会儿说空调效果差，一会儿骂外面工地上的民工好吵，一会儿说大家专心一点儿，自己却在示范的时候拨断了桃子那把旧琴的琴弦，啊的一声，站起来指甲也裂了。

他生气地把琴重重地往桃子身上一放，说："这琴不好！"

整整一堂课再也没有看过桃子一眼。

一百二十分钟的课，桃子从来没有觉得这么难熬，她觉得委屈！觉得伤心！觉得丢脸！一股潮湿的气体充斥着她的胸腔，慢慢上涌，没过她的喉咙，涌上她的眼睛，又酸又涨。

一百二十分钟的课，她用了一百分钟让自己忍住不哭。

她突然觉得陈有树也没有那么好看了！他鄙视的嘴脸让他显得特别不高端，特别掉档次！

回到家的桃子，突然想到了怎么筹到钱。

她十五岁的生日礼物，是一根施华洛世奇的海豚项链。老妈和老齐一起送的，原价一千八，她因为太喜欢舍不得戴，从没拆封过，商场的小票都还保留着。

她决定挂到网上去卖掉，就标价六百八十元，她不相信没人买！

离下次上课还有一个星期，她要在这一个星期筹到六百八十块钱，下次再上课的时候重新买回自己的尊严，买回陈有树对她温柔的笑！

网络世界是强大的，才三天，她的账上就多了六百八十块，与此同时，她还手贱搜到了陈有树推荐他们代购的木制吉他，二百五十、二百三十、三百三十、一百八十，搜遍某宝这款入门级适合对音质要求不高的原木色吉他没有一家标价超过四百。

某个店家巨大鲜红的"特价250"仿佛一张巨大的红嘴巴，吞没了桃子最后的幻想和希望，呵呵，自己真是个二百五，早就应该感觉得出来，说什么为了怕她一个人回家不安全让她带朋友一起来学吉他，就是为了扩充生源，说什么学琴完了可以去隔壁奶茶店吃下午茶，报他名字能打折，都是为了回扣，说什么每个人要有自己的琴，其实是要人在他那里买高价琴！

哪里是什么艺术家，什么音乐才子，就是一个商人！一个打着艺术旗号其实骨子里都是钱钱钱的伪君子！

桃子号啕大哭了起来,她不恨陈有树,都是自己蠢,被蠢糊了双眼,还拉着冰淇跟自己一起蠢。

她越想越生自己的气,一定要想什么发泄一下才好,她抓起桌上的六百八十块钱,砰砰砰地敲老齐的门,边哭边把钱都往老齐身上塞,说:"还给你都还给你,还欠你一百二十,我下个月一起还给你,我再也不学吉他了。"

老齐看着哭得稀里哗啦的女儿吓了一跳,默默地拥抱了她。

很久以后老齐经常拿这件事笑话桃子,说:"桃子啊,爹打从你生下来就没看你哭得那么丑过,不就是八百块的欠条吗,哈哈哈,看来你还当真了。"

桃子也常常深夜上网,看买家在空间里秀那条六百八十块买来的二手项链。

在她心中那条原价一千八的施华洛世奇,是老齐第一次送给她的唯一的珍贵的礼物,老齐说为什么选这条,就是因为他闺女就像水晶一样毫无杂质,又傻又天真。

可就算是又傻又天真的桃子也知道了,施华洛世奇根本不是天然的水晶,这个世界哪有那么多真的、美的。算了吧,是桃子长大后学会的又一个词。

天作之合也敌不过时间不配合

倩倩猪

芦痘痘本名不叫芦痘痘

芦痘痘,他其实有一个好听的本名叫芦新梓,可碍于他脸上那几颗正值青春期的青春痘,故被我改名"芦痘痘"。

为此他嘲讽我的情商为零,暗恋史自导自演整个一独幕剧,没营养没人看,活该在他穿梭在各类美丽的花儿面前时我却只能像无水滋养的小草一样干枯至死。

他说话极贱,但是一语戳住了我的致命伤,我无力反驳,于是收拾了课本准备回寝室睡个回笼觉。

我刚出教室就碰到了管伯尘,他递给我一瓶饮料,笑眯眯地说:"中午请你吃饭吧。"

我受宠若惊地微张着嘴巴,却不知该说什么好。管伯尘是我高中三年的梦想,我为了他改邪归正从一个不良少女到优等生,从父母头疼的问题小孩儿变成如今的有为青年,从志愿书上的北邮到武大。

我做这一切,都是为了能和他在一起。

于是,我花了整夜整夜的时间写了一封情书给他,告诉他我的心思。

我点点头应允,我知道管伯尘是来给我送一个答案的,尽管可能是不幸的消息,我还是如小鹿乱撞般心跳加速了起来。

有人说我的爱是盲目的,我连和管伯尘说话的次数都不超过十次,我爱他什么呢?英俊的外表,还是优异的成绩,抑或是光明美好的前途?

说这话的人当然只会是想破坏我和管伯尘关系的芦痘痘,他就见不得我好,见不得我专情一个少年的时间可以长达三年,而喜欢他的女生从来不会超过三个月。

直到这一刻我才明白,我喜欢管伯尘,是因为看着他,我就会心满意足,就会内心无比愉悦。

我和管伯尘一起走进食堂的时候,碰到了正在和女生说笑的芦痘痘,他诧异地看着我们,最终还是走了过来,"怎么,有情人终成眷属了?"

管伯尘看了看我,"这位是?"

我答:"我朋友,芦新梓。"然后我们去打了饭菜,芦痘痘继续和女生嬉戏打闹，吃饭空隙，管伯尘问我："三中三班的芦新梓？"

"嗯。"我偏了偏头，有些不怀好意地笑，"难道你打算用不喜欢女生喜欢男生这个借口拒绝我吗？"

"呃，"管伯尘顿时脸上刷刷地泛起了红晕，"我不喜欢男生的。"

我连忙摆摆手，笑得更欢了："逗你的呢，我喜欢的男生怎么会喜欢男生？"

"小凉，我们在一起吧。"管伯尘说这话的时候，我突然一根鱼刺卡在喉咙里，上不来也下不去，难受极了。

管伯尘慌忙去拿了些醋喂我吞下，难受之际，我还是不忘重重地点了点头。

幸福有传染效应吗

在我和管伯尘出双入对地穿梭在校园的每一个角落时，听说芦痘痘也谈起了恋爱，对象是学校门口一个奶茶店老板的女儿，乖巧可爱。

那天，我挽着管伯尘去了那家闻名遐迩的奶茶店，果然不负传闻中的美味，奶茶新鲜可口，果粒入口即化。趁天气明媚，阳光和煦，我的心情突然好得不得了，我好奇地趴在桌子上看着对面好看的男生，"小管，你小时候吃什么长大的？怎么可以长得如此好看。"

管伯尘笑得很含蓄，脸部线条渐渐地柔和开来，一双像月牙儿弯弯的眼睛眯成了好看的样子，"这个问题嘛，该回家问问我老妈是不是特仑苏喝多了。"

我忍不住笑了，"那你喜欢我什么呢？"如此精致优秀的男生，我至今还是搞不懂怎么就答应做我男朋友了呢，难道因为我善良的内在品质么？

当我还在思考小说女主角的各种不易被发现的优点时，芦痘痘牵着谢婉言出现了，我记得当时谢婉言穿一袭浅绿色的长裙，上面搭配了一件泡泡袖的紧身白T，小巧的身材一览无遗，我在心里默默地感叹道："这女生真美！"

芦痘痘告诉我，这是他的前女友谢婉言，现在他们旧情复燃，已经情比金坚了，"夏天凉，你以后没事不要再提我那超不过三个月的短暂爱情事故了。"

我假装惊讶，然后笑着应道："好好，只是这么漂亮的女生，芦新梓，你上辈子什么事都没干估计光顾着修福了吧。"

管伯尘的脸色一直不太好看，我知道，自己是没谢婉言那般好看没错，但好歹女朋友在旁边你也该收敛下吧。

我正准备和芦痘痘告别，然后带管伯尘去一个神秘的地方时，他却当着我和芦痘痘的面，强拉着谢婉言的手走出了奶茶店，任我在身后喊了多少遍都没有回头。

我惊愕地站在原地，不明白现在是什么情况，我问芦痘痘:"你说他们认识吗?"

你当初只不过撒了一个谎

管伯尘喜欢了谢婉言三年,我实在没有办法接受这个事实。

我哭丧着脸坐在体育馆的休息区,芦痘痘照例每天下午练两个小时的篮球,他跑步、抢球、投篮,每个动作都中气十足,如果这是平时,我也会花痴地赞美他:"芦痘痘,你太帅了!"

可是今天,我实在没心情去管那么多,芦痘痘中场休息十分钟,我有气无力地递过去一瓶水,我忍不住问:"芦痘痘,你怎么会知道这么多?"

芦痘痘叹了口气,用手随意抹了把额头的汗滴,眼神悠悠地飘向远方,"夏天凉,你还记得三年前,你和梁小可在篮球场外说的话吗?"

我无语地翻了个白眼,"芦痘痘,三年前我和梁小可说过那么多话,我怎么知道你指的是哪一句啊?"

"你和梁小可说,如果你不喜欢的人跟你告白了,你就会和他从此陌路,你觉得留着这么个朋友在身边太过自私。"

我点点头,"是的,没错,我说的。"

不过,这关管伯尘和谢婉言什么事啊?我依旧不明白三年前我说的话和现在这种莫名复杂的关系有什么牵扯。

篮球场上，芦痘痘的队友扔过来一个篮球，示意下半场练习开始，芦痘痘精准地接了球，然后语速超快地在我耳边说道："夏天凉，那天我原本是要跟你表白的，可是听了你和梁小可的对话，我胆怯了，我怕你连把我留在身边做朋友的资格都不给。于是，我撒了个谎，我告诉你，我喜欢梁小可。"

芦痘痘说完就走了，我甚至忘了我本来要问的重点。

几个星期的时间，我开始有意无意地回避着芦痘痘，他的一席话像踩住了我的某个雷区，我几乎快淡忘的过去。

三年前，芦痘痘脸上还没有那些青春痘，可谓美少年一枚，加上篮球打得顶呱呱，很招女生的喜欢，当然也包括我这个花痴。可是那一场篮球比赛之后，芦痘痘和我最好的姐妹梁小可告白了，于是我所有的喜欢在一瞬间化为乌有，我也渐渐远离了处在热恋幸福中的两个朋友。

后来梁小可由于家庭原因转了学校，她和芦痘痘的爱情也就半路夭折了，芦痘痘继续和我保持着纯粹的朋友关系。

后来你遇到了喜欢着你的谢婉言

高二上学期，我们分了文理班，我学文科，芦痘痘学理科。他们班上有个比男生数理化成绩还好的女生，叫什么名字我当时一直没在意，据说是很喜欢芦痘痘的。

因为我当时已经从芦痘痘的好感事故里完好无损地走了出来，我遇到了同样优秀的男生管伯尘，尽管我们不在一个班，我总是默默地关注着他。

有一次，芦痘痘从理科班来找我，表情神秘兮兮的，说带我去个好地方。

我不假思索地拒绝了，我说："不行，今天管伯尘在七号楼有个诗歌比赛，好像听说有知名作家过来当评委，这很重要。"

于是，那天，我去了七号楼看管伯尘的诗歌比赛。他的作品受到了评委的一致肯定，我高兴坏了，尽管当时的管伯尘还不知道夏天凉是谁。

不过，这不重要。

当天晚上，我听说芦痘痘白天去了学校的后山，也不知道找什么稀世珍宝，害得喜欢他的那个数理化很棒的女生被毒蛇咬了一口。

我赶到医院的时候，芦痘痘正提着皮蛋瘦肉粥从外面回来，他的眼神很疲惫，整个人看上去很没精神，看到我勉强地挤了个笑容说："夏天凉，世上没有你说的代表幸福的四叶草，我已经找过了。"

我恍然大悟，生气地骂道："芦新梓，你是白痴啊，四叶草是我在小说里看到的故事情节，它是虚构的，你的幸福就在病房里面，你跑后山去干吗？"

我想我一定太生气了，我说完就离开了医院，我哭得有点儿喘不过气来，我想我当时应该有猜到芦痘痘的心思，可是我要如何接受呢？

我喜欢的人已经变成了管伯尘，而芦痘痘依旧是我最好的朋友梁小可的前男友。

芦痘痘和我的尴尬气氛在第二天就化解了，他招摇过市地带着那个数理化很好的女生请我吃了一顿下午茶，我吃完就拿着管伯尘诗歌社团的报名表去了四号楼。

后来，我顺利地进入了管伯尘的诗歌社团，和他有了进一步的交流，而芦痘痘和那个理化很好的女生也水到渠成地开始了恋爱。

人生若只如初见

人生若只如初见，何事秋风悲画扇。

人生若只如初见，那该有多好！

初见管伯尘好巧不巧是在芦痘痘告白梁小可的那一天，我一个人去了户部巷的小吃街，我在一家大排档点了一份油焖大虾和四打啤酒，郁郁不欢之情化为食欲。我刚拿起第一只大虾时，台上响起了音乐，一个少年站在那里唱："请你拿了我的给我送回来/吃了我的给我吐出来/闪闪红星里面的记载变成此时对白/欠了我的给我补回来/偷了我的给我交出来/你我好像划拳般恋爱/每次都是猜……"

我想营造一种失恋的气氛，一下子被台上的男生破坏了，我抬眼望去，少年穿着白色的衬衣，黑色的裤子，稍长的刘海下有一张好看到让人窒息的容颜，我一下子忘记了悲伤。

大排档老板说，凡在店内消费满一百元都可以免费点一首歌，我拿着那张消费了一百九十七元的单子去找那个少年，我说："我不想点歌，你能不能陪我聊天，一首歌的时间？"

少年沉思了一会儿，点了点头，我让他坐在我的对面，我说："一起吃吧，这个可花了我一个月的零用钱，不准浪费。"

我看着他只是坐着不动，完全没有要开动的迹象，然后抬了抬右手边的手表，还有三分十八秒。

我笑，马上进入了紧张的"作战"状态，我问："你叫什么名字？"

少年回："管伯尘。"

我继续问："为什么在这里唱歌？"

少年回："兼职。"

我看了看这个叫作管伯尘的少年，感觉和我的年龄应该相仿，我问："哪个学校的？"

少年这次回："时间到，下次有缘再见吧。"

我大概就是在那个时候爱上管伯尘的,他是标准的天蝎男,神秘的气质深深地吸引着我,让我茶饭不思。

思念一个人时间久了,好像总会再遇到的。

芦痘痘那时虽然在和梁小可谈恋爱,却总喜欢把我叫上,搞得我多次出现幻觉,觉得我们是三人恋爱。

芦痘痘打篮球,总是把我和梁小可一起带着,他说:"看的人多了我比较有激情,有了激情胜算就大。"我环顾了一下四周把篮球场围得水泄不通的女生,嘀咕道:"真是强盗逻辑。"

然后我就看到了管伯尘,围着操场散步,手里拿着一本书嘴里念念有词,后来我才知道,他是在朗诵诗歌。

当然,我最开心的是,他和我在同一所学校。

如果,没有如果

武大的冬天,已经没了绚烂的樱花,小道两旁的樱花树上全是光秃秃的树枝。我站在樱花大道下面的情人坡那里,不停地来回踱步,双手的指骨被我握得有点儿发白,管伯尘约了我见面。

这是管伯尘当着我的面牵走谢婉言后的第一次见面,我没由来地有些紧张,我甚至想过,就这么不见面也好,实在不知道该如何开口。

管伯尘到的时候,我看了看时间,没有早一分钟儿没有晚一分钟。他对我总是这样，温柔得没有激情，不好不坏，相敬如宾。我看着面前喜欢了这么久的少年，忍不住红了眼眶，他本身就单薄的身子又瘦了，脸上憔悴的样子像是几夜没睡过。

我假装抬头看天，睁大眼睛，把眼泪逼了回去，尽量让自己的声音听起来没有难过，我说："我们分手吧。"

管伯尘像是猜到了这样的结局一样，没有说话，只是安静地点头。

那天，我让管伯尘陪我一起走了情人坡，这本来是我在奶茶店想带他去的神秘地方。在武大有个传说：情侣们一起走过情人坡就不会分手。

那么，我们在分手之后走过一次，我们的故事还会不会有所转机呢？

不会的。那天，管伯尘给我讲了一个故事，对，关于谢婉言的故事。

管伯尘告诉我，谢婉言的爸爸在三年前去世了，遗传的绝症，尽管如此，她和她的妈妈还是花了大量的金钱来买她爸爸在世上多活一天的可能性。本来小康的家庭变得愈发拮据，那时候，谢婉言的美术老师告知她的妈妈，马上文理科分班了，同时各类艺术班也开始了，小言这孩子在美术上特别有天分。

谢妈妈是教师家庭出身的，深知其重要性，毅然地让谢婉言学了美术设计，这对当时的谢家而言，无疑是雪上加霜。

谢婉言的梦想是开一间自己的画室，每天陪在妈妈身边，日出而作，日落而息。于是，她努力地画画，并腾出了所有空余的时间去做兼职，管伯尘就是在谢婉言兼职的奶茶店认识她的。

管伯尘说，他对谢婉言是一见钟情，那么瘦弱的一个女孩子，内心却无比坚强。

我想，我就是拼尽了全力，也没有办法住进管伯尘的心里。不过我依旧感谢他送给了我一场美梦，虽然他早早知道了我和芦痘痘的关系，和我在一起是想成全谢婉言，可是我不怪他，真的。

如果我早点儿知道那个数理化很棒的女生叫作谢婉言。

如果我早点儿知道管伯尘做兼职是为了赚钱帮助谢婉言。

如果我早点儿知道我爱的少年已经心有所属。

那么管伯尘，你还会在食堂里因为看到芦痘痘而答应和我在一起吗？

"小凉，我们在一起吧。"

我第一次听你说这话时，虽然把鱼刺卡在了喉咙里，但我确定自己是幸福的。只是那个时候，我还不知道谢婉言的存在，我是该感谢这个女生的，没有她，就没有我初恋的发生，就没有那一句"对不起"变成了"在一起"。

我一个人漫无目的地走到了初识你的大排档，照例点了一份油焖大虾，老板还是以前的老板，规矩还是消费满一百元可以免费点一首歌曲。只是这一次，台上的少年不再是你，换作了一个陌生的脸孔。

芦痘痘赶来的时候，我把大虾已经吃了一大半了，我深情地看着他："管伯尘，你来了。"

我想，那个眼神一定是迷人的。

芦痘痘生气地准备掉头就走，可是走了两步还是折了回来，坐在我旁边，他问我："你有多喜欢他？"

我靠在芦痘痘的肩膀上声音哽咽，我说："很爱很爱。"

你相信命运吗

三年前，三年后，都有人说过，夏天凉，你为什么不和芦新梓在一起？你们两个简直是天作之合，郎才女貌，狼狈为奸。

我和芦痘痘干过很多狼狈为奸的坏事，但都没有我这次计划来得更坏，我告诉芦痘痘，下午三点，黄陂区的薰衣草花田见。

我还告诉了谢婉言同样的话。

当我坐在火车上离开这一座城市的时候，我相信，命中注定的那两个人已经在一片紫色的薰衣草花田中见面了,他们会幸福美好地走下去的。

而我,和管伯尘一样,选择了成全。

不管是芦痘痘,还是管伯尘,我终于相信了,命运没有安排我们走在一起,或许是安排了我们更好的人生。

再见了,我的少年。

岁月不说话

花瑾瑜

1

在我们那个不足一千人的中学里，罗子彧就是永不能超越的神。

初一分班考试后，罗子彧和我成了同班同学。他长得不算好看，只能说是平凡，我从小到大都是成绩平平的乖乖女，外班的同学一个都不认识，若不是和罗子彧同班，我或许初中三年都不会知道，年级第一的罗子彧长得这么平易近人。

老实说，罗子彧除了成绩好之外，长相平平，脾气随和，同普通学生没有两样。据说他家境不太好，全家就盼着他一跃龙门，所以他对自己的要求十分严格，大课间也很少和其他男生去打篮球。

初二下学期，罗子彧的身高"噌噌"往上长，我坐在最后一排，同桌前几个月因病休学了，罗子彧就顺理成章成了我的新同桌。

说是同桌，我却不敢和他说话，怕影响了他宝贵的学习时间。他也从不主动和我说话，好像我们俩是不共戴天的仇人，多说一句便会七窍流血而亡。

初二放假了是要补课的，为初三的总复习做准备，本来学校说要补课十天，刚上了四天课，有些男生听说其他学校的补课被取消了，也着急地给教育局打举报电话，当天晚上学校就通知补课取消。

听到放假的消息，大家都高兴，欢呼着收拾书包，有的甚至跑到黑板上乱写一通，我无聊地收拾书包，扭头却见罗子彧也笑了。

他不常笑，笑也只是抿抿嘴，这次他可能真有些高兴，嘴角上扬的弧度很大。我打趣他："呦，罗子彧都笑了，看来教育局可做了件好事。"他百忙之中抬头看我，扶了扶滑到鼻梁的镜框，谈笑道："秦西，你再不努力，考取普通高中都有问题。"

和罗子彧聊天，五句中有四句是学习，还有一句是考试。我背上书包和罗子彧道声再见，然后和阿景挽着胳膊走出了教室。

2

初三开学了,一切开始变得紧张。

这其中最繁忙的大概是罗子彧了。他更加沉默寡言,早上到了学校坐到座位上就没起来过,一直坐到放学。一学期下来,我觉得罗子彧似乎也不沉闷了,至少被我死赖着久了也会瞥我一眼,吐出几个字来。所以我更加死皮赖脸,会常常逼迫他喝水,只为了看看他是否能坚持住,事实证明,罗子彧很少跑厕所。很多时候我都认为他不是人,至少不是接近凡尘的人。

有时候无聊,我就会写张纸条,推到他眼前,他看一眼继续复习,我继续在纸上写。4月的一天,我给他推去纸条:"我特别喜欢武警!霸气!"他抬头看我一眼,意外地在纸条上写:"我爸就是。"

我激动极了,凑到他旁边俯下身子问:"真的?啥时候让我去和你爸合个影呗!"罗子彧扶扶镜框:"一模考完再说吧。真没看出来,你竟然这么爱国?"我嬉笑着挠挠头,偏过脸去。唔……脸好像红了,怎么这么烫呢?

一模的成绩下来之后,罗子彧拿着年级排名在我眼前晃,无奈道:"秦西,咱们几乎差了两百分,我六百二,你四百三,怎么办?"我有气无力地趴在桌子上,呢喃道:"能怎么办啊,反正四百三只是一模成绩,大家的一模差不多都是四百多,当然,除了你这个神。"

说到"神"的时候,我恨恨地瞥了一眼罗子彧。

罗子彧突然就笑了,他把排名单丢到课桌里,面容逆着阳光,泛着金色。他说:"明天休息,去见我爸。"

说实话,他的后一句听得我挺不好意思的,于是我把头埋在胳膊里,吼道:"去见武警叔叔!"

3

罗子彧的爸爸是穿着军装来见我们的。

我和罗子彧倒了三站公交,步行了几百米,才到了他爸爸所在的警营。叔叔很和蔼,瘦高的身板,但是穿着军装威风凛凛,走路生风。

叔叔先向我敬一个军礼,然后哈哈大笑着拍一下罗子彧:"你小子怎么来了,还带个女娃娃?"罗子彧的脸一下就红透了,他结巴地解释道:"这是我同学,她知道您是武警就想来见见您,和您照张相。"

叔叔惊讶地看向我,又笑了。

照过相后,我取出笔和纸让叔叔帮我签名,叔叔搓着双手,不好意思道:"我的字不太好看……要不我给你找个别的武警?"我固执地把笔塞给叔叔,叔叔嘿嘿笑了几声,一笔一画认真地写着名字,名字下面写着:武警××支队。

叔叔后来带我们参观了宿舍,床褥叠得很整齐,我都不敢去摸一摸,怕破坏了美感。

向叔叔告别后,我们坐上了回家的公车。

我偏头看向一旁的罗子彧,安静、沉稳、淡然,有一种岁月静好的感觉。我戳一戳他:"喂,怎么不经常见你打篮球呢?我觉得打篮球的男生都有一种特热血的感觉呢。"

罗子彧神情淡定地回答我:"打篮球会占用很大一部分时间的,有那时间,我至少可以提高二十分。"

我气馁地抠着手指头说:"又说学习。"

"因为我们现在,只能学习。"他声音突然放轻了,"我家是县里的,大老远搬家到城里,就是为我以后有更好的生活,我只为能让我爸妈过上好日子……他们付出的,我必须要还回去。"顿了顿,他又说,"还有就是,高中所有人都会玩命地学,拼命地努力,我只是让自己早一点习惯以后的生活。秦西,"他突然扯到我,"你家境一般,不努力,只会加重父母的负担,而且你这样的性格,不适合高中,要尽早改变。"

我嗤笑道,"真严肃的话题啊,罗子彧,你不累吗?"

罗子彧也嗤笑,"你永远不懂我有多爱我的父母。"

4

4月结束。5月的体测,罗子彧竟然拿了满分,平时不见他锻炼,身体素质还挺好。

6月20日中考。中考那几天,我们和同样命运的无数人,踏上了一条不复返的道路。两天半的时间转瞬即逝,迈出考场的一瞬间,阳光刺痛了我的双眼。

毕业了。

再回到学校时，罗子彧比我先到，他看着我走进教室，来到他身旁。我坐下，问他："怎么样？"他说："不错。你呢？"我苦笑，"你知道的，就那样。"

罗子彧不说话，过了一会儿，推过来一张纸："秦西，我相信你。"我疑惑地看向他，他微笑道："不只是现在，你的未来会很好。"

他微笑着，微笑着，那是我初中三年第一次见到的微笑，灿然若神人。

我沉默地把那张纸收起来，很想哭，但是忍住了。

过了几天，老师通知我们去学校填报志愿。写草表时，罗子彧问我："你去哪里？"我不想理他，可是沉默一会儿，还是回答："可能……要去外地。我这个成绩在市里只能上个普高，应该是去外地。"

罗子彧点点头，不发一言开始填表。

塔塔从前排扭头看向我："怎么办秦西，我要去A市……加上体育才六百出头，我爸妈要我回老家……"我惊讶地看了她半天，拉住她的手，"那以后……常联系。"

塔塔点点头，和我、阿景约好了明天出去玩。

罗子彧看了下我们这边，叹气。

我们在约定的那天去看了电影，说来也巧，那天是早晨九点，影院里没有多少人，我们看了一场只有三个人的电影。

离开的时候，走了好远之后我回头，看到了蹲在地上哭的塔塔，小小的，胖胖的。

5

然后……我们就这样毕业了。带着无尽的思念，分散在了天涯海角。

听说罗子彧去了省实验中学，那所学校很大，像是一所小大学，有一次骑车路过那里，我停车站在校门旁看了许久。

听说阿景去了二类重点中学，听说塔塔去了A市最好的高中。

听说……我们很难再见到了。

谁知道那三年里谁对谁是怎样的感觉和心情，我们避开了最青涩的年华，躲过了最心动的岁月，坦然又遗憾地面对未来的三年。

接着是辛苦的、痛苦的、没有知心朋友的，三年。

后来我和阿景、塔塔还经常联系着，但是没有罗子彧的联系方式。他初中就没有手机，很少上网，我去了外地之后再没有回去并路过实验中学，我们的缘分就这么被搁浅了。

又或者说，其实我还是很幸运的，对于罗子彧没有太多牵绊，以后也可以回忆说："全校一千人，没有不知道罗子彧的，我还和神般的人物坐过同桌。"

同桌，你好。

同桌，再见。

向十七岁半的先生道歉

海 宁

　　他才十七岁半。读到高中,家里实在没有钱供他继续念书了,爹狠狠心把他从学校拉了回来,说:"想念书,自己去赚钱交学费吧。"

　　同乡把他介绍到工地,他干得很卖力,原本有些消瘦的身板,耗得几乎瘦成了一根竹竿,心里却是充满了喜悦。

　　直到春节前的一个晚上,他年少的心,承受了梦想被彻底粉碎的绝望——辛苦一年的打工钱随着老板人间蒸发。

　　终于没有忍住,他的眼泪很没出息地落了下来。怨恨就在那些眼泪无声地流淌中,一点点塞满了他的心——城市这样华丽,人们的生活那么富有,他们兴高采烈地将那么多的物品丢到购物车上,连价钱都不看。而他,却要不回来自己辛苦一年挣的为数不多的血汗钱。

心好像要炸开了,想发泄,想做些什么,想报复……

工地对面有个大超市,一年的时间,他连一次都没有去过。那时候他想,等拿到钱,一定进去给爹和娘买点儿东西带回去……想着,他的眼泪又下来了。

他带着怨恨走进了超市,琳琅满目的商品慢慢牵住了他的视线。在同乡的催促和建议下,他拿了一瓶两块五毛钱的二锅头,两块钱一大袋的膨化食品,还有两个打折后不足两块钱的面包。然后他跟着他们朝门口移动,袖子里,塞着那只沉甸甸的剃须刀,他想,他要把它带回去送给爹,爹还没见过这么好的剃须刀呢,这是城市欠他的。他也要用这样的方式,来报复骗了他的城里人。

终于挨到了付款台前,他的心忽然开始狂跳起来。收款的女孩儿看起来比他大不了几岁,笑容和善。女孩儿收款,找钱,然后将东西仔细装进袋子中,说:"请走好。"

他松了口气,心虽然还狂跳着,却忍不住有报复后的快感。趁人不注意,他迅速将袖子中的剃须刀放进了袋里,朝着那个收款台正对的出口走去。

他只迈出一只脚,报警器就刺耳地响了起来。他愣住了,看似管理疏忽的超市,竟然还有这样的装置。他能感觉到周围人的眼神都朝这边投了过来,而不远处,保安也正迅速朝着他走过来。他站在那里,看着保安的逼近,完全傻掉了。

可谁都没有想到,就在保安到达他身边之前的一刻,那个女孩儿,那个收款的女孩儿竟突然地挡在了他面前,大声说:"对不起,对不起,刚才我不小心把一件没有刷过的商品丢进了您的购物袋里了,请您原谅。先生,实在对不起……"

她连声地道着歉,他更加傻了,一连串的事情让这个不足十八岁的农村少年根本无法应对,他只是那样呆呆地站着,任由那个女孩儿拿过他手里的袋子,一脸歉意地跟保安解释着,然后带着他走出人群,回到收款处。

他,像个木头人一样,机械地呆滞地跟随着。心都好像不再跳了。

女孩儿在台子上将袋子打开,拿出那个剃须刀,放到一边,好像真的是她不小心放进去的一样。然后她又重新将他的袋子整理好,递给他,说:"先生,刚才真的对不起了。"

他慌乱得说不出话来。压根儿不敢抬头看她。她跟他道歉,还叫他先生。他来到这个城市一年了,从来没有人这样对过他。而她,他相信她是故意这样做的,她是为了他。

心,忽然就说不出的酸,说不出的委屈,又有说不出的感动。他依旧低着头不敢看她,一把抓过袋子,恨不能飞快逃开。只走了两步,却又听她在身后说:"酒要是买给自己的,就少喝点儿,你还小呢,碰到事,要朝宽处想……"

他几乎是奔跑着逃了出去,一直跑出灯火通明的超市,急急穿过马路,站在那栋三十层的高楼下,呆呆地站着,眼泪爬满了一张脸。

半年后,他回到了学校。他终于通过正当渠道拿回了那次的工钱,又打了半年工,攒够了学费。三年后,他考上了大学。在城市,他一边打工一边读书。在这样的生活中,也会受到许多委屈,许多不公正的对待,可他始终充满信心、充满希望地对待着他的人生,再也没有犯过任何错误。

他知道,那样的错误,他今生不会再犯。因为他一直记得那个冬天,一个女孩儿为了掩盖他的过错,所给予他的昂贵的道歉。记得他十七岁半的时候,那个女孩儿,尊敬地叫他先生。他便是在那一刻开始,长大成人。

飘不到远方的云朵

"失恋"记

Supreme

"小拿，我失恋了。"一个哀怨的声音在我头顶响起。

我面不改色地继续在草稿纸上运算，头也不抬道："哪科没考好？"

"全科。"

张开开，非典型理科女。在我的记忆当中，此人的数理化成绩从来都是跌宕起伏，好比正弦函数。中考的时候，人品爆表全科开挂，很争气地考进了重中之重——重点高中的重点班。就在上学期期末，她坚定地在分科的岔路口上选择了理科。

她说，她的头发很多，还可以接着学理科。

我，张开开的表姐兼闺密，还有一个身份是"间谍"，专在小姨面前为她的女儿美言。

这天，张开开在短短的晚自习下课十分钟时间一路从理科班跑到文科班，趴在我身旁的窗口上哀哀诉说自己的"失恋"故事，作为一个掌握了她十六年来大事小事的"垃圾桶"，我当然知道情窦未初开的她，所谓的失恋只不过是考试时脑残，分数不理想。

张开开的智商在我心中一直是个谜。有时候我觉得她聪明伶俐，妙笔生花，有时候又觉得她不辨菽粟，呆若木鸡。所以，我也不确定她到底能不能真正征服数理化生，跻身年级前列，走上人生巅峰。

"小拿，你说我现在转文科还来得及吗？"她泪眼婆娑地看着我。

"你上了高中政史地从来都没及格过。"我毫不留情地击碎她的幻想。

这天夜里，回到宿舍，我接到了妈妈的电话。在"关切"并"点评"了我的月考成绩以后，她"顺便"又关心了一下张开开的成绩。

"还不是那样嘛，语文、英语班级前几名，理综数学过得去。"我知道，要是我把事态的真实严重性告诉老妈，这个周末张开开的双耳就不得安生了。小姨和许许多多的家长一样，学历不算高却又望子成龙，很多时候更是皇帝不急太监急，上至找家教辅导，下至奔走书店寻找学习资料,无论我多少次替张开开劝说她,学习是自己的事,别人替她操心并不会起到太大作用,她还是像只油锅上煎着的蚂蚁,上蹿下跳。

收线之后,我的面前又浮现出了张开开那张悲戚戚的脸。我决定,我要帮助她走出"失恋"的阴霾。

有人说过,美食是我没有得抑郁症的最大原因。这天下午,我便拖着张开开一路奔向学校旁边的"堕落街"。

"为什么不去食堂,把我带到这里来了?"张开开在我身旁埋怨,"你知道我来这儿一次得长多少斤膘吗?我恨你,你这个吃不胖的瘦子……欸,凉皮多少钱一份?"

我觉得,老天总是考虑周到,虽然给了张开开一个忽高忽低的智商,但同时也赐给她一个一年四季一天二十四小时都很好的胃口作为补偿,她的人生因食物而圆满。

对于一个考得差的人来说,试卷讲解就像往伤口上撒盐,张开开经历了三节课的试卷讲评后,弄清了自己是哪些地方看错题目,哪些地方记忆出错,哪些地方一头雾水,整个人心力交瘁,胸口险些被自己捶碎。机智如我,把她拖到充满着小吃摊、面馆、蛋糕店、奶茶店的宝地,让她暂时忘记"失恋"之痛。

在飘香四溢的牛肉面店大快朵颐过后,张开开打了一个满足的响嗝。而我,因为钱包暴瘦,伤心地哭了。

美食虽好，可治标不治本。回到学校，张开开重新面对她的"男朋友"——理科，一定又会悲从中来，不可断绝。作为一个文科生，我不能直接给她学习上的指导，所以我只好寻求外援，去请一个理科大神做助攻。

"放学别走。"课间，我看见张开开，果断抛下这四个字。

"后山约打架？"她很迷茫。

下午放学，我带着高三的理科女神——莹莹学姐，走向留在教室里一脸茫然的张开开。

看清来者为何人，她立即丢下对我的嫌弃，一脸谄媚地对莹莹学姐说："学姐，久仰大名，什么风儿把您给吹来啦……"

我斜着眼冷言道："学姐高三了很忙的，少废话，快问你的问题吧。"

两个"同类"噼里啪啦手舞足蹈地讨论一些我知之甚微的东西。近半小时后，张开开的脸上带着幸福的微笑，仿佛春风吹到了她的脸上。送别了学姐后，她激动得像一个糠筛子，对我说："学姐跟我说了好多她的经验哦，我觉得我要改变一下我的学习模式了……"

"怎么样，想好怎么感谢我了吗？"我邪魅一笑。

"你还是快走吧，别妨碍我，我要制订下一步学习计划了。"她摆了摆手，坐回自己的座位。

"行！"这个白眼狼，看我回去怎么在小姨面前说她坏话。

过了两天,张开开的脸上已经全无阴霾,就连面对最终月考排名,她的内心也毫无波动,仿佛迎来了第n+1春。

伟大的小拿,再次成功。

"小拿,你怎么退步了二十名？"张开开指着排名榜上的文科部分,吃惊地对我说道。

"噢……"我捂脸,"我失恋了……"

看！那群可爱的人

绸 缪

记得高二刚分班的时候，我掀开花名册，对于未来的同窗，内心满满期待。

听闻他们吟诗咏怀，出口成章；能言善辩，舌战群儒；指点江山，口若悬河；八面玲珑，遗世而独立……

从前在理科班横行霸道惯了，周围相处之人皆惜时如金，一言不合就直抒胸臆，嘴皮子像挺机关枪"突突突突"干脆利索，从不搞迂回战术。偶尔闹个不愉快脸色冰封千里，只等辣条端上桌，才会春暖花开称兄道弟，性格精明坦率得让人哭笑不得，也是傲娇到懒得遮掩。

那时我惧怕形影相吊，在半年内学会他们的讲话方式，代价是人云我亦云，连笑容都带了点儿讨好。

高一最怕空气突然安静，因为下一秒可能被老师捉上讲台去解外星文字一样的化学方程式；最怕聊天突然冷场，因为别人get不到我精心布置的笑点而备感失落。当我津津乐道于某段野史或名人轶事，而同桌从理科教辅里抬头，满目茫然抑或兴趣寥寥时，我在想，也许此处并非故土。

我得找到我的花果山。

一年后我怀揣一颗不安跳动的心跑到文科班，第一眼瞧见大家明明满脸青春痘，却摆出老成的表情；坐立不安，却云淡风轻的样子，我便笑了，笑得浑身轻飘飘。

瞧这副紧张的模样，和我真像。

真好啊，我们是同类。

我们拥有同样易碎的玻璃心，拥有同样高贵的自尊，为梦想舍弃了大半个就业方向，头顶重理轻文的压抑氛围，孑身孤行，内心满当当装着骄傲与自卑。

文科生普遍心思敏感，交朋友讲究缘分，怕你要高山流水，而自己偏偏不是伯牙。怕你不愿将就，而自己在乎自尊。

于是出于以上幼稚的考虑，起初大家发乎情，止乎礼，来往谦逊有礼，温文尔雅，看得我赶紧收回满嘴的段子，入乡随俗，脸一垮，摆出一张严肃"二哈脸"。

谁料班主任深藏不露。他本人像尊大佛往台上一伫，便可自来熟地滔滔不绝。

起初我是不屑的，想他八成会像其他老师一样漫无目的地瞎扯。一堂课下来，我收回前话。因为我从头笑到尾，嘴巴合不拢，口水掉到新同桌的袖子上。

自此语文课我堂堂不缺，成为班主任的忠实听众。

自此我一笑成名，左邻右舍的同窗都知道那个戴牙箍的妹子笑点低，一笑就掉口水。

君子动手不动口，我决定闭上嘴。

我们班三十多位女生，十四位男生。相对于楼上理科班男女分工值日，班内卫生一律由男生承包。

欣慰男生竟如此绅士之余，闹出了点儿事。

班主任叉腰，手握夭折的扫帚怒道："你们这群皮猴子！"

大家却不约而同无声站立，集体鞠躬。班长举手道出真相："大圣息怒！隔壁'体特'抄家伙想抢数学答案，被我们打跑了。"

就因为这一次默契，我们的隔阂烟消云散。

总觉得那一瞬间整齐划一的动作，是上天安排我们在一起，最好的证明。

也因为一句"大圣"，班主任自掏腰包，迷之开心地买了拖把。

真的不能指望文科老师的智商，老师咱缺的是扫帚啊！

每日与一群很二很二的人相处简直如鱼得水，大概大家历史都学得好，加之还在爱笑的年纪，所以没有理科班那么压抑尖锐的竞争氛围。我们深谙兼爱非攻之理，打嘴仗是家常便饭，从未像楼上理科生闹得脖粗脸红。

"大圣"统治花果山，大考小考总要来煞个风景以彰显身份。

考前他唬道："考不好都完。"

考后嘲笑道："昨晚成绩一出来就有人躲被窝里哭了吧？"

不少人被说中，闻言赶快把稀巴烂的玻璃心粘好，故作轻松地向同桌表明自己根本不在乎。结果明志过度，不知不觉中把负面情绪弄丢了，瘪瘪嘴发现自己怎么都哭不出来。

这样安慰人的方式大家心知肚明，满满的自豪感快要溢出嘴角。

不仅仅是"大圣"，连我可爱的同窗们，都是以自己的方式小心呵护着这间只容得下五十人的教室。

"大圣"说："安得广厦千万间，吾独穷住此亦足。"

然而我们都搬进来，教室便成了家，我们独占的花果山。

前几天下了场暴雨，本想在上课前蹿进教室，经转角处脚一滑五体投地摔跪在隔壁班门口。

捂着膝盖狼狈地溜回本班,同桌面前正摊张文综卷,脸皱得像沙皮狗。

我挤出两滴眼泪,凑上前求安慰。同桌毫不留情地捧腹大笑,笑声震掉牙结石。

"……所以说,怎样走路才能向前摔倒啊哈哈哈哈……"

我注视着同桌红扑扑的笑脸,明明应该生气,但可耻的是,我笑点低,被感染了。

更可耻的是,口水又掉出来了……

"喂喂喂说了不准再笑!"你等着,等我摘了牙套,就是我东山再起之时!

前桌转回头,在草稿纸上写了一大段话,抬头对我说:"晚了,木已成舟,你的'史记'我都写完了。"

同桌与我皆探头看去,见纸上写道:

二班有人,名缪,志虑平实,笑点低于常人,戳中则疯傻若范进中举,四肢抖动不能停,口唾沾襟不能拭。众人观之,哑其笑矣。以至于恼羞成怒,发奋图强,善也。

……好有道理,我竟无言以对。

我背过去,捂着嘴与她一同大笑,仿佛沉甸甸的分数、青紫的膝盖只是玻璃窗上的涂鸦，用手一抹，从未来过。

嘿，我们这群"二货"。

"二"并不能代表低情商，它只是一种人生态度。相反，正因为我们懂得悲伤毫无意义，才会选择很二很二地傻笑。

我坚信自己是高情商星人，也坚信我那些很二很二的同窗们与我来自同一星球。

用欢乐与这个世界温柔相待，总会收获最香甜的蟠桃。

毕竟希望常在，为何不去期望呢？

月　半　弯

月下婵娟

日月其华的美少年

　　我知道彭毅，是在很久以前。身为长平中学的一员，不知道风靡全校的校草级人物似乎是一件很丢脸的事情。我自认为不丢脸，是因为我知道他的名字，看到过他的人，也见识过他带领着一班的一帮男生将我们四班平素牛气冲天的汉子们在球场上打得鸡飞狗跳。

　　丁莉莉拉着我的胳膊指给我看窗外经过的男生，不无花痴地说："彭毅耶，帅不？"

　　"准确地说我没有看清楚。"我从浩瀚题海中挣扎着抬起头，看见长廊里远去的背影。这在我的同桌丁莉莉口中日月其华的美少年，正和我们班的班花雷美琴一路说笑着下楼去。

"果然彭毅这样的人,也只有我们班的雷美琴配得上。真是,美貌与智慧并重,伤害了我们这些围观群众的双眼……"丁莉莉不无感伤地揉揉脸,看见我又扎下头去盯着一道习题,推了我一把,"苏小桐你就不伤心吗?失恋了都不找东西弥补一下?"

我两眼圆睁地瞪着她,满脸的疑惑不解:"我失恋?"

"一中男友啊,等会儿回到寝室,不知道有多少的妹子要哀号了。"

长平中学是这小县城里排名第一的中学,这我知道,不然我爸妈也不会背着几大筐山货去求人让我进这所学校复习。而彭毅啥时候变成了全体女生的男友,我却是不知道的。

"为了抚慰我们失恋的心灵,苏小桐,等会儿我请你去吃鱼丸和臭豆腐好了。"

我站起身来往课桌里收着书本,又特意往丁莉莉身上瞄了一圈。

"我知道我知道,我前天还念叨着减肥。不是为了排解心灵的忧伤嘛,而且,苏小桐,"丁莉莉十分忧伤地捏了一把胳膊上的赘肉,"你看我在你的监督下减了几天,脂肪依旧韧如斯,体重依然无转移啊。"

我扑哧一声笑出来,一路和丁莉莉张牙舞爪地跑到学校门前的小馆子里吃臭豆腐。

吃得正欢时丁莉莉想起放在宿舍里的手机,她说:"我妈说过这个点儿会打电话过来,便宜你了苏小桐,你真吃不完了就给我打包哈……臭豆腐和鱼丸我可都要。"人都跑出去了,还不忘回头叮嘱我。

我食指大动正准备对着端上桌来的臭豆腐大快朵颐的时候,小店的玻璃门一转,进来两个人。

门前明亮的灯光下,美如春花的少女,波西米亚风的长裙垂至脚踝,是一脸笑容的雷美琴。白衬衣蓝牛仔裤的男生,殷勤地替她拉开了椅子,又吩咐老板倒过来温热的牛奶,插好了吸管,才递到她的手中。

我坐在背光处,埋头大口地对付着盘中的臭豆腐,听见雷美琴推开了牛奶,娇嗔地说:"我就要喝加冰的苹果汁。"

"喝冰的不好吧……"

"你换不换?"

男生违拗不过地换了冰饮料,却依然自作主张地减了分量,叫了女生喜欢的小吃,满脸宠溺笑容地看着她在旁边一口一口地吃。

我身处的角落连灯光都变得暗淡起来,那些璀璨灯火,都像是有灵性般地汇聚在他温柔侧颜上。他浓而长的睫毛,清俊如远山眉峰,高挺的鼻梁,轻牵起的嘴角,如沐着春风的笑。那个和雷美琴坐在一起,浑身散发着粉红泡泡明亮光芒的人，彭毅。

谁人将你的骄傲——蹂躏，打落成灰

我在那间小店的角落里佝偻了身子待到所有的臭豆腐都变得冰凉，才敢在他们身后慢慢尾随出来。

一中男友让所有长平中学的女生都失恋的时候，我在校园香樟树婆娑的阴影里看见彭毅和雷美琴牵手。

那之后这段恋情羡煞旁人，连政教处的领导们也都睁一只眼闭一只眼，谁都知道只要被笑言过的"长平之光"彭毅功课不落下，他就是天天和雷美琴出去轧马路也没人敢说半个不字。

"苏小桐，要不我们也分头去找个男朋友好了，你没看雷公主她现在学习上至少进步了一点儿吗，作业好歹也写一点儿了，总不至于交白卷。"丁莉莉看着雷美琴语文试卷上大大的鲜红色六十七分，眉目里有羡慕的神色。

我收了卷子塞到雷美琴的课桌里，不为所动。"你也知道人家外号雷公主，人家就是每门功课都拿零蛋，也没有什么关系。她有那个依仗，我没有。"

"真是现实的人生啊。雷公主拼的是爹，我这分数，拿回去就是坑爹。"丁莉莉愁眉苦脸地翻开了自己的卷子，逐字逐句地更正。我扫了一眼自己卷面上的分数，努力追赶还是比不上长平之光的那个一班男生。

雷美琴的父亲是这个小县城里数一数二的富商，他父亲手下有好几个石料厂，将绿树红花的青山夷为一个个土坡的雷大厂长向长平中学捐赠了一大笔资金修建图书馆，他的宝贝女儿雷美琴在学校里就是一个字不写，门门功课都不及格，也碍不上她是三好学生、优秀班干部。

"雷美琴的人生都是规划好的，像一条康庄大道，沿途风景无数，铺满鲜花。她哪里要像我们这般辛苦，头悬梁，锥刺股。"丁莉莉还在愤愤不平。

我笑着拉过她的卷子，用笔圈出一个错处，"你哪里头悬梁，锥刺股了，说得比古人都惨。"

高三的课业越来越重，每个人似乎都在铆足了劲儿向大考冲刺。在这偏僻的小县城，能够考上一所好的大学，决定着将来是会继续留在这里灰头土脸还是飞向县城外更高的天空。

我无心去关注同学们的其他八卦，谁和谁比较好了，谁做了谁的男朋友，谁和谁相约一起努力去考同一所大学。但雷美琴，这光鲜亮丽如白天鹅一般的女生，她的八卦，还是星火燎原一样的在长平中学的每一个角落里沸腾。

起初丁莉莉讲给我听时我并不相信，因为那被誉为一中男友的男生彭毅似乎并无女孩子不喜的陋习。他那样好，那样优秀，从远至近，从上到下，学业、人品、才能，还有丁莉莉跟我说过的，没有色相便不成偶像的外表。如果这样的长平之光也不能配得上雷美琴，我不知道什么样的男生才会让她心仪。

　　我心里的各种猜测和疑问终于在一次无可回避的亲见中成为事实。那天，周末，倾盆的大雨，我撑着伞在校门前等公交车，有着花朵一般美丽面孔的雷美琴化着精致的妆容，烟熏的厚重眼影将她十七岁的青涩纯真变得遥远，那是我所不再熟悉的陌生人。她上了一辆黑色的豪车，掉头离去。疾驰的车轮溅起一地水花扑上我的衣襟，我将伞低掩着，所以推着单车站在大雨中的少年没有看到我。我在那如断线珍珠般的雨帘里，看到一个少年飞扬的骄傲被一一蹂躏，打落成灰，最后被丢弃在泥泞里。

　　不知道他有没有哭，他抹了一把面上淋漓的雨水，飞身蹬着单车在雨雾里绝尘而去。

　　原来并不是这少年有什么不好，跨进车门的雷美琴摇下车窗玻璃，不动声色地说了一句："我不想坐在苍蝇馆子里喝牛奶，也不想在雨天里还要和你挤公交车，我爸说得很对，跟你在一起，没有什么未来。"

　　雨水哗啦啦地淋着我，是冬天，天黑得早，公交车却迟迟不肯来，我索性背起了书包徒步回家。路途中，经过一家商店，衣衫褴褛的老人蹲在门前行乞，我看见那全身湿透的少年俯身下来，将一把零钞放在他面前。

你是我青春中最美丽的颜色

雷美琴还是坐在教室里与我们一同上课的，她不听老师讲，不做作业，上课时拿了一面小镜子对着描绘得异常艳丽的眉目细看。

课间的时候丁莉莉朝我努一努嘴，说："苏小桐你看。"

我看了。我想雷美琴其实从来不知道，她不事雕琢清水芙蓉的样子比任何时候都美好。这样浓妆艳抹的真是可惜。

那时我很有些感叹这造物弄人，那小心翼翼地被我放在心里珍藏的美少年，却被某人弃之如敝屣。

一中男友的彭毅再也没有舍近求远地从我们班级教室前经过，更不会在廊下一脸笑容闪瞎旁人双眼地等人。

偶尔有斯文白衬衣和休闲T恤，或者一身规整校服三分相似的男生从窗下晃过，丁莉莉和我不约而同回头，但都不是那个日月其华被誉为长平之光的美少年。

我只是听说，他愈发用功地读书，参加了好几个知识竞赛。球场上，英姿飒爽一脚远射，又或者跳起来扣篮，笑容是明亮和温暖的。想来年少时的爱情，未必无知，但经历过，却也有不一样的收获和成长。

他再一次在班级的足球比赛中将我们四班打得屁滚

尿流的时候，我没有对他投以鄙夷和不屑的目光。我和丁莉莉站在场外，两人拍着巴掌摇旗呐喊，连声叫好，收获了本班男生的无数白眼。那时，奔跑在操场上风一样的少年，明亮的笑容里盛满了阳光，大声地对我们说着"谢谢"。

冬去春来，山上花开。我们在学校老师的带领下去近郊的山上植树。丁莉莉在我使出吃奶的力气挖土坑的时候告诉我，雷美琴家的石料厂被查封了。"你不知道吧，苏小桐，现下雷公主家可是急成一锅粥了……早就该查封了，看看这绿水青山都成什么样子了。"

我吭哧吭哧地挖好了洞，拿不定主意种什么的时候，扛着树苗路过的彭毅递过来一株小松树。"树苗很健壮，根系也长得好，种了一定能成活，长得也快。"

他蹲下身来示范怎样栽种，考量树洞的深浅，山上的红泥在他洁白的衬衣上留下点点污渍。他纤长十指触碰到我的手指，我在突然袭来的巨大心慌中抬头看他，那笑容温柔的少年，他的脸，他的眼，有我见过的这世上最美丽颜色。

我从来也不是你故事里的主角

我是在植树后的周二的晚自习后遭遇那一个故事的。当我锲而不舍将那几道习题做完，环顾四周，其他同学都已回了宿舍,正想抱怨丁莉莉这家伙也没有等等我时,在楼梯的拐角处,那空寂无人的小阳台,猝不及防地遇到了争执中的两个人。

长发束成马尾的雷美琴,一双眼睛水汪汪的,似是哭过。白衬衣挽到肘部的彭毅,逆着楼外星光站在绰约灯影里,有了一个少年男子初长成的坚毅样子。

我完全不知道这场意外,会将我撞进这一场风花雪月的缠绵里。我的心在胸腔里急剧地狂跳起来,我想我夺路而逃会是最好的选择。

"我说得还不够清楚吗?雷美琴。"面前少年有着清朗好听的声音,但我想他到底不是说给我听。我悄无声息已经要顺着楼梯溜下去。

有人捉住我,拉着我的手腕带回来。似乎是要我见证和参与什么。

雷美琴这样的女孩子,相信见过她的人都不能忘记她的美丽。无论多么讨厌她的人,也不能不承认她长得美。

她站在阳台略显冷清的灯光里,眼里有挣扎的泪意。"你说你已经有了喜欢的人,她吗?苏小桐吗?你以为我会相信!"她捂住面孔,却没有能够忍住哭泣,"你说过你喜欢我的。你明明说过的……"

沉默的少年没有分辩,我恍惚想起我第一次看见他们,在校园前的小店子里,那娇纵的女孩子要用热牛奶换一杯加冰的苹果汁,少年的妥协与呵护。

我也看见，那日在大雨中，她如何弃他的尊严与爱意于不顾，令他的骄傲破碎在泥泞中。

"我很抱歉。"白衣的少年轻轻地说，然后拉着我转身下楼。

被他拉住的手滚烫，我不明白自己在这场意外里扮演了什么角色。

"她在哭……"楼道里我的声音干涩。我听见雷美琴任性的哭声，谁都知道那是挽留。

"她会好的。没有人再娇纵她，她就会学着长大。"

"那个……你……她已经看不见了……"其实我是想说，我这个临时道具可以下岗了，他现在可以放开我的手了。他的演技很赞，弄湿了女主角的脸，被人负情过的伤痛，嘲笑过的自尊，早已扳回一局，赢得利落漂亮。

那是一段漫长的路，走下楼梯，在校园里漫步，穿过香樟树和宿舍楼前的花圃。静夜里有歌声流淌，葳蕤植物的香气，深蓝天幕上升起了新月一弯，这样的场景，这样的一程陪伴，如童话一般。身边的少年回过头来，浓而长的睫毛，清俊如远山眉峰，高挺的鼻梁，轻牵起的嘴角，如沐春风微笑。

"我很抱歉。"他面上诚恳的表情，让人见他这样内疚，无论如何也要原谅。"苏小桐，我知道你，谢谢你。"他郑而重之地握了一下我的手，将我的指尖，在这个凉风习习的春夜，重重握在他的手掌中。

我如何再舍得埋怨？

暗恋如一朵花开

书上说，唯咳嗽、贫穷与爱不能隐藏。其实是能隐藏的，在我贫穷家世下，对彭毅那初相见就暗恋般的喜欢。

我曾经舍近求远地跑去一班，向并不熟悉的同学借一本笔记。那女生由衷地说我勤奋，她并不知道，我坐在她同桌的椅子上，想起一个少年每日伏案疾书的样子，那课桌细腻的纹理在我的指尖下也会有迥然不同的意义。我不会跟任何人说，是因为这张课桌的主人是彭毅。

我在丁莉莉八卦同学小道消息时双耳如雷达，从未遗漏过关于这个有"长平之光"美称的美少年的半点儿消息。我握着笔，在练习册上画下某个符号，丁莉莉从来没有猜对过那些字符的含义。

他是那样光芒璀璨的男生，总会有智慧与美貌并重的女孩子来喜欢。这智慧与美貌并重的女孩子绝不会是我，将一颗暗恋的心藏在平凡外表和平庸成绩下的我。

我俯在女生宿舍的楼廊上看他无声走远，叫作彭毅的美少年。栀子的清香令人恍惚，天边新月弯弯，如水清辉漫过香樟树婆娑枝叶，洒在他洁白衬衣上光影斑驳。长平中学里乍一相见就惊艳我十七岁青春年华的美少年，他从来也不用知道我的爱慕和喜欢，也不需要回应我什么，他存在在这个世界上就很好。

唯善意、时光与爱不可辜负

两个月后我参加了高考,放榜的那天,丁莉莉打来电话问我:"你考上自己心仪的大学没有?"

那时青山环绕,开春我们植下的松树苗已长高了不少,我说:"有啊,我喜欢的师范专业。你呢?"

话题拉开总是没完,最后,我状似无意地问了一下一班的彭毅。丁莉莉嘻嘻哈哈地回答我:"美少年啊,他当然考上了,北京的大学,要去首都呢。"

电话挂断后我站在山野里听风声长吟,我知道我的美少年,从此以后他将与我天南地北,茫茫人海再无交集。他从来也不会知道,这世间再也没有人知道,长平中学有个女生,曾经默默暗恋他好多年。但没有关系,一切都没有关系。这世上,唯善意、时光与爱不可辜负。我的美少年,他必定会满怀善意,在此后漫长时光中与所爱之人永不相负。

飘不到远方的云朵

木子李

1

我最喜欢坐的公交车是27路,那辆蓝色大巴载了我一整个青春的梦。

我最喜欢待的地方是一个斑驳了的窗口,窗口边坐着一个男生,他的眼睛里有阳光,我的眼睛里有他。

我最喜欢喝的一种饮料是橘子汽水,酸酸甜甜,永不遇见的味道。

那个眼睛里有阳光的男生,叫远方。我所有的喜欢都与他有关。

27路是他上学必乘的公交车,我每天清晨都要早起一个时辰,绕几条路,以一种"好巧啊"的姿态在站牌下和他遇见。而他，往往只是笑笑。

橘子汽水是远方每次打完球都会喝的饮料，听说他家是开小型超市的，橘子汽水是他从家里带来的，而我的，是从学校的小卖部买来的。

年少的爱恋总是很简单，做他喜欢做的事，就好像在和他谈恋爱一样甜蜜。

常听有些人说，做人一定不能太贪心，太贪心的人都没有好下场。所以，一直的一直，我都在用自己的方式小心翼翼地喜欢着远方，像原野的风，过境无声。

可远方不喜欢我，他喜欢木棉。

那天下午，我分明看到了远方的背影，他把木棉堵在校门口，将绵软又洁白的棉花糖强硬地塞到木棉的手中。木棉生气地想甩掉，但棉花糖却被风吹歪，白白的，像轻软的云贴到了我的脸上。

我尴尬地用手揭下棉花糖，视线一派清明的时候，远方站到了我的面前，他用着略带抱歉的语气说："云朵，你没事吧？"我伸出舌头舔一口棉花糖，笑嘻嘻地说："哎呀呀，天上掉棉花糖砸到我脸上了！"

"给木棉买的，她不要，你要是喜欢就拿着。"

远方见我没有异样，借花献佛似的哄我开心。我用手肘捅了他一下，提醒他："木棉走了！"他这才想起什么事，连招呼都没打，就转身急急地离开。

那是一条方砖铺就的小路，路边是葳蕤茂密的大树，我站在大树下，看着远方，看着木棉，他们的身影像光点在我的视线中跳跃着，一会儿分离，一会儿融合。

我低下头，又舔了一口棉花糖，有些苦，不似刚才的甜。

那个下午，我想通了一件事，远方喜欢木棉应该是很早的事了，就像我喜欢远方也是很早的事了。只是，远方比我勇敢，你看他多么急切地奔着他的姑娘而去。

而我，只能站在原地，心事重重地吃完那支本不属于我的棉花糖。

2

年少时喜欢一个人，无非只是因为一个心动的瞬间。因为他是学生会的主席，看起来很酷所以喜欢；因为他打篮球流汗的样子很帅，所以喜欢；因为他的字得很好看，所以喜欢；因为他的声音很好听，所以喜欢。

我喜欢远方的原因也很简单：他帮我投了一枚硬币。

在那辆27路公交车上，我气喘吁吁地上了车时，才发现没带钱，就在司机要轰我下去的时候，投币箱里发出清脆的一声响动，"上来吧。"

这是远方对我说的第一句话。

可是我没有说谢谢，什么都没说，因为当我抬起头看见远方的样子时，我的脸就红了。时至今日，我也想不通是怎样的一股悸动让我变成了哑巴。

唯一记得的是,他站在我的身后,我的头刚好顶到他的下巴。车里的空气令人窒息,我抓着扶手的手全是湿湿的汗,在眈当的路途中,他的气息像散发着诱人香气的柠果,很是好闻。

从此,我记住了27路公交车,记住了一个叫远方的男生。

我以数次的"偶遇"和搭讪,和远方熟悉起来。阳光能照到他的地方,就会有我孤单又弱小的身影。你要相信,每个在青春里做梦的女生,她们身上总有一股强大的力量,用着蹩脚的方式去喜欢一个人,譬如我。

只是好景不长,我的那些小秘密很快被我的同桌韩城看穿。有一次,我偷偷待在窗口偷看远方时,一双肉乎乎的爪子登时落在我的肩膀上。我回头,韩城那张大圆脸侵占了我的视线。

"哟,云朵,你这是看上哪家公子了?"

"小点儿声!"我捂着他的嘴巴,生怕坐在窗口的远方发现,将他连拉带拽地弄走。

他则是秉着打破砂锅问到底的精神,一整个下午都在对我进行着摧残。搞到最后,我很不耐烦地回他:"我没有喜欢的人!"

"少来了,我这几天天天观察你,你有事没事总爱往那个窗口跑。别害羞,说出来,哥给你出出主意。"

我是真的恼了，没头没脑地对他吼了一句："你有本事把你喜欢的人说出来啊！别一副站着说话不腰疼的样子！"

韩城愣了一下，小眼睛在愣愣的神态之中也比平时大了一倍，他突然抓住我的肩膀，喉咙上下滑了一下，他说："云朵，我喜欢你！"

我张大嘴巴看着这个死胖子，突然有一种双膝发软要跪下的感觉。但是，我很冷静很温柔地告诉他："我一直当你是闺密的……"

"我都能把你从爷们儿过渡成女人，你也一定能把我从闺密过渡成男人的！"

他一边说还一边摇晃我的肩膀，丝毫不考虑我胸膛中枪的感受。我想，我一定要好好地和他谈谈我们是不可能的。可是他张口又给我补了一枪，他说："云朵，你现在摸摸我的脸，好烫……"

我放弃了和他谈谈的想法，浑身一抖，抱头逃走！

3

自从被韩城告白，我犹如被吓掉七魂三魄，晚上噩梦不断，更糟糕的是"大姨妈"居然提前而至。那个早上，我像个纸片人挂在公车的倚栏上，打开车窗，我就能被风吹走。

站在我身后的远方明显地感觉出我的异样，他问我："云朵，你哪里不舒服吗？"

我回头，一张了无血色的脸把他吓了一跳。他紧张地伸手探我额头，是正常的温度，他的视线落在我捂着肚子的手上，眉头微蹙了下，便了然于心。

公交车颠簸，我无力支撑，几欲跌倒，恍惚中，身后一双手抓住了我的臂膀，我虚弱地回头，远方在看着我。许久，他的声音在我的头顶缥缈地响起："你可以……抓住我。"说完，他把我拉到他的胸口。

我的脸一下子滚烫起来。我努力地呼吸，一而再，再而三，怎奈呼吸都沾上了热气。我抓住他的臂膀，静静地杵在那里。在这片刻的静谧里，我听见了窗口的风声，也听见了远方胸口来回动荡的心跳声。

当时，我执着地认为，远方对我也是有好感的。可是我这荒唐的想法，再次被木棉的出现给打败了。

生活里好像总是会存在这样一种现象，平凡如我一样的女孩儿，总是苦苦地暗恋着干净美好的少年，而少年总是苦苦地追求着对他置之不理的女神，如木棉。

哦，还有韩城，一个本和我最相配、却又被我最瞧不起的大胖子。他也在苦苦暗恋着我。

你看，老天多么公平，他给每一个人喜欢别人的权利，也给每个人被喜欢的机会。只是深爱与伤害，我们常常会选择后者。到底是应了那句话：越是刻骨，越是铭心。甚至为了我们爱而不得的那个人，我们什么都可以为他做。

所以，当我站在光影里，再次看见远方和木棉纠缠不休的时候，我在心里暗自下了一个决心：我要帮远方追木棉。

韩城听到我这个想法，表情变得很奇怪，他说："圣母不是这么当的。"

我笑，有些许无奈。我不是想当圣母，做出这样的决定我也是有私心的。那份私心就是我可以有大把的时光待在远方的身边，帮他出谋划策。尽管他那绵长无尽的目光里，无关于我。

我并没有单刀直入地问远方怎么喜欢上木棉这件事，我只是像往常一样，在某个清晨，眼神的焦点落在车窗外飞驰倒退的大树上，轻轻地说了句："远方，木棉不喜欢棉花糖，她喜欢红豆沙冰，要加很多冰的那种。"

远方觉得奇怪，他问我："你怎么知道？"我告诉他，我经常看见木棉出入学校门口的冷饮店。远方了然地点点头，随后淡淡一语："谢啦。"

这算是一个起始点吧，我也会认真地问我自己，我真的是为我的那份私心而这么做的吗？

不，不是。没有哪个傻瓜肯把自己喜欢的人拱手相让。我想，我大概是不愿远方像我一样这么辛苦地喜欢一个人，所以，才愿意陪他一起苦着他的苦，快乐着他的快乐。

4

木棉对远方的态度比以前好了些,他坚信那是红豆沙冰的力量。

他很高兴,豪气地拍着我的肩膀说要请我撮一顿,他说他为了木棉煞费了苦心,没想到简单的一杯红豆沙冰就让她笑逐颜开,最大的功臣当属我。

他说这些话的时候,木棉就站在我们的身后。

直到现在我都能记得木棉当时的脸色有多难看,我看着她的眼睛,觉得那份敌意明显是在针对我。她一眼便看穿我对远方的喜欢,卑微的,带着善意的欺骗。

所以,她没说任何一句话,像第一次一样扭头跑掉了。

而远方,也像第一次一样,丢下了我就奔她而去。

我站在那里,揉揉眼睛,觉得我和远方到头了。木棉分明就是喜欢远方的,她的喜欢不比我少,也不比我浅,不然她那愤怒、那嫉妒绝不会来得那样凌厉。

我很知趣地退出了远方的生活圈子。

我孤独地想着他,想他那有阳光的眼睛,想他站在我身后,轻轻落在我发上的呼吸,想他在我落魄之际,投入的那一枚硬币。我多想变成一只鸟,飞落在有他的窗口,看着他到地老天荒。

韩城看我现在的样子，平时话痨的他，也变得很安静。

安静之中，他还不忘安慰我："云朵，我被你拒绝也没怎样啊，你看你现在，要死不活的，没个人样啦！"

我一听他这么说，嘴巴酸酸地咧开了，接着豆大的泪珠往下掉。

我哽咽着："我只是胸口有点儿闷，有点儿闷。"

我一边说，一边用手捶打着胸口，韩城一看，脑门都急出汗了，他抓住我的手，声音都莫名地高了两度："我看你不是胸口闷，是脑子闷！你怎么就不开窍呢？"

"像你这种没人喜欢的死胖子，怎么会理解我的痛苦！"我一把推开他。

面对我的举动，韩城的神情微微有些发愣，真不知道是我的话伤害了他，还是我那无情的一推。人好像都这么自私，自己不痛快了，连带着身边的知心人都舍得伤害。

可是，那个时候，失去理智的我哪管得了这些。在僵持中，还是韩城软下心来，一言不发地陪着疯疯癫癫的我度过了一下午的时光。

我想，如果时光可以重来，我一定要抬起头来好好看看韩城。

看看他被我伤过之后，眼角那隐忍的泪，究竟掉没掉下来。

5

　　韩城买了很多漂亮的信纸送给了我,他说他不是一个好的安慰者,所以,我有什么难过的话或者不高兴的事可以写在信纸上,然后折成纸飞机让烦恼都飞走。

　　当时我还笑他是小说看多了,他则瞪着他那小小的眼睛,很认真地说:"不不不,我是从电影上看来的。"

　　我没忍住,扑哧笑了。我看着那沓漂亮的信纸,脑子里又冒出了一个大胆的想法:我要给远方飞鸽传书。

　　自上次木棉撞破我俩合计追她的事之后,我就再也没有见过远方。我执着地认为是我自作聪明,才把远方拉入这样的困局,所以,我就再也不敢厚脸皮地早晨绕几条道,在27路公交车上和他相遇。

　　不知道他和木棉怎么样了,不管是好是坏,我都决心用间谍的身份,继续帮他。

　　是的。我将搜集到的木棉的喜好全部写在了信纸上,而韩城则充当了我的送信使者。他握着那封信,凝视了很久,才憋出一句:"云朵,我怎么觉得你这么犯贱。"

　　他的语气太过认真,实在不像调侃,我不由得鼻酸。他从我的眼睛里捕捉到了难过,话锋一转,"得了,我的好妹子,哥哥就给你跑一趟。"

　　他笑嘻嘻地把信装进口袋里,然后拖着他那北极熊似的身子，走远了。

当天，韩城就给我送回了远方的来信，远方的信纸没有我的漂亮，那是一张白色纸条，纸条上工工整整地写着五个字："谢谢你，云朵。"

我为着这几个字，高兴得整个下午魂不守舍，我好像又回到当初那种喜欢他的心境，痛并快乐着。自此以后，我找到了新的寄托，那就是写信，那种感觉像在和他面对面讲话。

我写尽了木棉，就开始写岁月静好。而远方，每次都会给我回信。

我在他简短的话语里，时常泪一霎蒙了眼，韩城浑身发毛地说我矫情。我笑中带泪，其实他怎么懂，怎么懂远方的只言片语于我来说，就是一个拥抱的温度。

我像个孩子，贪恋又知足。

远方和木棉的关系比我想象的好，形影不离，亲密无间。那是我在校门口看到的，可我再也没有羡慕嫉妒恨，反而心里一片晴朗，每个人都有自己喜欢的方式，别人是拥有，我和韩城则是祝福。

我祝福远方，韩城祝福我。

可是，当你心里一派清净，想对这个世界说声原谅的时候，命运却早已准备好了更大的泥沼让你陷进去。那是初夏的午后，木棉第一次和我正面交锋。

她站在我面前，手里握着一沓信纸，我看着那熟悉的信纸，知道自己玩完了。

果然，木棉上前一步，把那沓信纸在我眼前一扬，哗哗的，像自尊被撕碎了飞向了空中……我的脸滚烫，听见木棉嘲笑的声音，冷漠得可怕："你知不知道你现在的行为像个小丑？你明明喜欢着远方却帮他讨好我，你到底安的什么心！"

我本来是难过得想哭，可当她说出那个词——小丑，我却笑了，笑得令自己都发冷。

"我告诉你，远方从来就没有喜欢过你，他只是把你当成一个笑话来看，不然，他也不会把这些信给我看。"木棉的嘴角带着得意的笑。

最毒莫过妇人心，这话我信，她只是简单地和我说了这么几句话，我便被推下深渊。

我捧着那堆被风吹得惨败不堪的信纸回到教室，我一张张地看，一次次地泪流。远方，你看，你喜欢上别人的时候，我没有哭；你把我丢在一旁弃我而去的时候，我没有哭；而今，你心爱的她，践踏着我对你的喜欢，说我是一个小丑的时候，我却哭得不能自已。

原来，再深远的爱，也经不起摧残。人可以失望，但经不起绝望。

而现在的我，是再也不敢奢望。

6

　　我真庆幸我还有一个胖子闺密，韩城。

　　有星星的夜里，他陪我坐在楼台上，一起烧掉了那些耻辱的信。在温暖的火光里，我抱着双膝很认真地问他："韩城，你为什么会喜欢我？"

　　他想都没想，就脱口而出："我不知道啊。"

　　我当他的喜欢是没心没肺的，要不然，面对我对别的男生这么死心塌地，他早就和我一样痛苦得哭爹喊娘了。我说："韩城，你要是能瘦下来，说不定也有人喜欢你。"

　　"这和瘦不瘦有关系吗？如果远方变成了一个一百八十斤的大胖子，难道你就不喜欢他了？"他在暗夜里翻了一个白眼，若一道星光。

　　我想了想，坚定地回答他："我现在就不喜欢他了，我想揍他！"

　　"哎呀，揍人这事我在行呀，妹子，这仇哥替你报了！"

　　他说这话就跟告诉我说是他是瘦子一样不靠谱，所以，我压根没往心里去。可是，第二天，他果真撸着袖子气势汹汹地出发了，走之前还对我说了句："哎！云朵，等会儿我要是负伤了，别忘了找人用担架抬我去。"等我反应过来找到他的时候,他早已和远方在地上滚了两个来回。

我横在中间,大声又急迫地喝他:"韩城!你给我住手!"

韩城把我的话当耳旁风,他一拳重重地抡在远方的脑门儿上,语气骂咧咧的:"你算什么东西!长得好看就能这么糟蹋人家?看我今天不揍残了你这张脸!"

我一看韩城来真的,抬起脚倾尽所有的力气朝他的屁股一踹,他嗷一声跌在地上,摔了个狗吃屎。他转过头愤怒地指着我说:"好你个云朵!你敌友不分了!"

现在不是和韩城讲道理的时候,我抓起远方的手,跑了。当时,若是我肯回头看看韩城,他的脸色和他身下的黄土地定是一样一样的。

不知道要怎么解释前因后果才好,我和远方待在无人的墙角下,各自沉默了好久。

我看着他脸上深浅不一的伤痕,胸口发闷。我皱着眉头问他:"疼吗?"

他摇摇头,表情有些沉重,他说:"云朵,我真的没有把信给木棉,是她翻了我的包……"他还想要说下去,我却已经听不下去,我说:"你不用解释,我从来就没有怪过你,我只是觉得有些委屈。"

"对不起。"他的睫毛像小扇子落了下来,挡住眼里的一片光亮,我的心因着他这句话,他这一垂眸,忽然就软得不成样子。

我说:"今天的事,你也别怨韩城,是我没拉住他。咱俩算扯平了。"

说完,我背对着他疾步离开。忽然,空气中闪现出一双有力的臂膀把我拢在怀里,是远方。他紧紧地抱着我,下巴抵在我的肩膀上,什么也不说。

他似乎也很痛苦,很委屈,不然,他喷过来的气息怎会这样滚烫?

是这样的吧,梦里我也曾见过他这么抱着我,只是不似现在这样紧得发疼,而是温柔清浅,像公交车窗口吹进来的风。

天知道我有多不想挣脱他的怀抱,可是我一想到他曾经这么抱着木棉,就清醒了,清醒着由一只温柔的麋鹿变成暴动的小狮子,挣开了。

7

那个下午,我离开远方后,没有回去上课,也没有去看望韩城。

我一个人走在街上,踢着小石子,直到夜幕来临。走累的时候,我蹲在路灯下看来来往往的车辆,兴许是这微凉的夜,兴许是这匆匆行走的人群,我觉得眼前的世界好陌生。

陌生到当远方站在我面前的时候,我抬起脸,红着眼睛,竟傻乎乎问了句:"你是谁?"

他蹲下身来和我的视线平行,他的眼神让人看着莫名的痛心,但他的唇角努力弯了一个微笑的弧度,他说:"我叫远方,会坐27路公车的远方,爱喝橘子汽水的远方,经常被云朵从窗口偷看的远方。"

他说完,我就哭了。

原来,他都知道啊,知道那些时光里,我干了多少和他有关的傻事。

他说:"云朵,你知不知道,木棉是我的妹妹,是我爸爸和另一个女人结婚时带来的妹妹,我对她这么殷切是因为我想让她不要对这个新家庭太疏离,我所做的一切都不过是想走进她的心里变成一个称职的哥哥。我叫莫远方,她叫莫木棉,你知不知道我和她都姓莫?"

我不敢置信地看着远方,过了一会儿,我才傻乎乎地笑了,笑完,一摸脸,全是泪。

远方,你又怎会知道,木棉的身体里流着和我相同的血液。

小时候,她喜欢吃红豆沙冰,喜欢到连我的那份也会抢去。长大后,她喜欢你,喜欢到她宁愿假装和你是情人,也不愿我这个姐姐和你靠近。

没有人可以那么了解另一个人的,若不是我和木棉做了那么多年的姐妹,我怎会对她的喜好那么了解。最初的最初，我帮着远方去"追"木棉，最简单的原因不过是木棉是我的妹妹，如果我喜欢的人和我的妹妹在一起，似乎也不是什么糟糕的事。

所以，在韩城极度不能理解我的行为里，其实理由只有那么一个：他们都是我爱的人。

可是，怎想命运如此弄人，父母破败的婚姻将我和木棉分开，远方的出现，又将我和木棉交织，人生大抵就是轮回，爱与苦痛，谁都逃不掉。

这个秘密我没有告诉远方，我想，木棉是喜欢他的，不然她不会那样愤恨地拿着信来羞辱我，然而那种喜欢，在伦理道德面前开不了口，但她也绝不容许别人来破坏，尤其是我。

那个晚上，远方把我送回家。

我们各怀心事，一路无言。我们明明都能趁着这个机会走进对方的心里，可是，我们都终究懦弱了一点儿。年少时，喜欢一个人是件很轻易的事，可是开口不知怎么就变得万分艰难。

因为不想难堪，所以我们错过了现在、未来。

我唯一能做的就是从身上掏出了一枚硬币，放在了远方的手心里。

我说："远方，谢谢你曾经用一枚硬币，带给我一段这么美好的小时光。"

远方握着那枚硬币，眼里有晶莹的泪。

我知道，在我向他开口说喜欢之前，我终于有了勇气先拒绝了我们还未开始的一切。

8

我没有像从前一样过得颓废不堪，因为再也没有人能像韩城那样安慰我。

韩城走了，我不知道他去哪里了，自从那个下午他被我踹了一脚之后，他就再也没有出现。我以为他是生我的气，一时不想来上课，所以我费力记起他家的地址，准备来个负荆请罪，怎想人去楼空。

他应该是搬家了。

天底下怎么会有这么小心眼的人，因为我踹了他一脚，难道他就要和我断绝联系？哦，还有一种可能，我那一脚踹得重了。

是真的踹得重了，听说韩城以前是个瘦子，笑起来也是风流倜傥的那种，后来出了一次车祸，导致尾椎错位，加之身上大大小小撕裂的伤口，从鬼门关里回来已是万幸，连续两年口服一种激素药物，身子才慢慢恢复，可是这药产生的副作用就是让他变成了一个大胖子。

但现在，因为我那一脚正好踹在他的尾椎上，他当夜旧伤复发，来不及与我告别，就被他爸妈给转到美国去了，不知道什么时候才能转回来。知道这一消息，我抽死自己的心都有了。

但为了弥补我对他的歉意,我也决心吃成一个胖子,我想,等韩城回来了,当大家再笑话他是一个胖子的时候,他就会用胖乎乎的手指着我说:"你们瞎了吗?云朵才是!"

我是这样想的,也是这样做的,当有一天,我在27路公交车上遇见远方的时候,他着实吓了一跳,他说:"云朵,好些日子没见你,你是不是发生什么事了?"

我笑呵呵地摇晃着我那双下巴,说:"没事啊,最近我心宽体胖,没发现吗?"

远方的眼睛里满是不解,阳光照过来,他看见我脸上的笑,不由得也跟着笑,他轻轻地说了句:"嗯,胖胖的,也漂亮。"

我这个人好像经不起赞美,尤其作为胖子的我,听他这么说更是受之有愧。所以,没忍住,差点儿飙泪。嗯,其实我也有一句话想和他说:不是每一片云朵都能飘到远方,我离开了你,却找回了自己。

9

韩城走了一年,才回来。

他回来的时候戴着大大的墨镜,连头发也是刚做的,他站在我面前的时候,我们两个人的嘴巴同时变成了大大的O形。

"你是……云朵？"

"你是……韩城？"

我们几乎同时问出了这个可笑的问题，当我们彼此确认了身份之后，我一拳头捶在他的胸口，大吼："我还以为你去美国疗伤去了，你去抽脂整容了！害得我整天活在愧疚里，生不如死！"

韩城当是听了一个天大的笑话，哈哈地摘下大墨镜，露出那双因为瘦了而显得比平时大了一倍的眼睛，他说："就你现在这猪样，还整天活在愧疚里？"

我看了看自己猪一样的身材，再看看眼前身板挺拔的韩城，我深深地觉得我被欺骗了。可是，我为什么这么开心，开心到眼泪哗哗地往下流。

哦，韩城回来了，他终于回来了。

尽管他不知道，有个人啊，她拼命地变成一个胖子，为的就是不想再让他孤单。

陪你私奔到月球

陪你私奔到月球

浅悦幽然

万万想不到

学校戏剧社安排了一出舞台剧,名字是《后羿射日》,编剧灵感来源于某网站一出很火的搞笑单元剧《万万没想到》。那部剧我看过,无节操无下限无逻辑,一切为搞笑服务。在我盯着屏幕笑得前仰后合的时候,我还没有意识到,自己即将出演一部山寨版卖蠢舞台剧的男主角。

林诺拿着精心编纂的剧本蹲在我身边,一本正经地游说:"这出戏的宗旨沿用了那部单元剧的核心、人设、情节,结局绝对让人万万想不到。"

我瞄了剧本两眼,直接将它盖在了林诺的脸上,"我也万万没想到，你会来找我。"

林诺不屈不挠，"我们戏剧社琢磨了很久，以你在学校的人气、风评，以及独特的外形优势，没有人比你更适合演男主角了。"

这话我听着受用，于是故作沉吟地问道："那女主角是谁？"

林诺张张嘴，一脸的犹豫，看了我半晌后，终于小心翼翼地说道："女主角就是上次那个不小心把花盆砸在你头上的苏蓝若。"

一句话，将我重新拉回了初次遇见苏蓝若的那一天。

"衰神"驾到

那一天，天气很好，我刚从学校练习室走出来，途中路过学校人工湖旁的女生宿舍。几个小女生不知从哪楼栋里蹿出来，红着脸凑到我跟前，卖萌求合照求联系方式，好不热情。就在我绷着脸，强压住内心翻涌的虚荣心，十分享受地配合着那几个小女生时，一个硕大的仙人球华丽丽地从窗口掉下来，砸在我头上。我条件反射地捂着头，蹲在了地上。

放在平日里，我准会破口大骂，但此刻，身边小女孩儿们怯生生的眼神，就像一根绳子生生缚住我，让我不敢动弹。

"好像有人晒被子碰倒花了。"

"啊，那他会不会生气？"

"应该，不会吧？"

……

身边的小女生们叽叽喳喳扰得我心烦意乱，为了维持形象，我不得不忍住疼痛，故作潇洒地捡起摔得有些扭曲的软皮花盆，顶着满头土渣冲着窗口温柔地喊："你的花掉了。"

窗口有人伸出头，大惊失色飞奔而来。气喘吁吁地停在我面前，一双眼盈盈欲泣，一脸歉疚地对着我道歉："对，对不起，我不是故意的，你……应该很疼吧？"

下一句应该就是，其实我喜欢你很久了吧……这可是经典的搭讪桥段啊，虽然用花盆砸人这一招比较残暴，但现在的小女生不都喜欢想些出奇制胜的招数吗？我了然地摸着下巴，还未想好措辞开口拒绝，就见她轻轻接过我手中带刺的仙人球，又像一阵风似的跑远了。整个过程中，她都没正眼瞧过我，敢情她那声道歉是对着花说的？

我立马掏出手机利用反光屏，不着痕迹地左右照了照，挫败的自信心瞬间回满。虽然头发上都是土渣，但这绝不影响我的花容月貌，哦呸，是俊美外形。

可是那姑娘直接无视我的行为，对我真真是极大的侮辱。

所谓士可杀不可辱，从此，我记下了那个姑娘的名字，苏蓝若。

我死死捏着林诺不知从哪里扯下来的附着苏蓝若名字的登记照，发誓有一天一定要让她眼里只看得到我。

但我没想到，这事竟然还有后续发展。

那天也不知道是谁，用手机将我被花盆砸中的那一幕全程录了下来传到了校园网上，"T大美男惨遭暴力女KO实录"，这个标题一下子便抓住了整个T大八卦人士的眼球，视频被疯狂转载。有人在视频下批斗暴力女，也有人评论美男太娘炮。总之，不过一夜，我便因为这种奇葩的原因红透了半个T大。等我意识到事情的严重性时，我已经成了被众人关注的焦点，整整一个月都生活在被人嘲笑的噩梦中。

之后，我越不想遇到她，反而越会遇到她，而只要每次遇到她，都不会有好事发生。上次是鞋跟掉底，上上次是逃课被抓，就连考试也不能免遭厄运，落得个被人陷害作弊的下场。她之于我，简直是衰神驾到。连连霉运导致我现在每次见到她，就只会想一件事，那就是有多远，躲多远。

当初的豪情壮志就这样被慢慢磨灭，我四处求神拜佛地只求再也不要遇上她。

这可真不是什么愉快的回忆，闭闭眼，我暗暗握紧了拳头。

她到底是个什么样的人啊

"喂,你到底考虑得怎么样?"林诺小心翼翼地推推我。

"你还敢问我考虑得怎么样?"我两眼冒火地瞪着面前这个不知死活的人。

林诺嗫嚅地后退两步,小声辩解:"没办法,戏剧社太有效率了,早就把你要出演《后羿射日》的消息公布到学校的各个角落了,不信你去看。"说着抬手一指公告栏,花里胡哨的海报上一个硕大的虚化背影旁龙飞凤舞地写着"主演:林久戈"。

我悲痛欲绝地朝林诺伸出手,企图掐死他,却在看到有人靠近时,生生收回了手,并迅速地摆出一副玉树临风的潇洒模样,露出从任何角度看都无可挑剔的迷人微笑。

林诺见机离我三丈远,用嘴型说道:"要保持形象,形象,别坏了气质。"

我深吸口气,以只有林诺能听到的音量,咬牙切齿地低吼:"你、给、我、等、着、瞧!"

身为风靡全校品学兼优、身高外貌条件一流的学长,随时随地保持优雅的形象接受学弟学妹们瞻仰的目光,曾经是一件让我觉得多么骄傲的事,没想到如今却成了我的软肋。

打闹中，那个人渐渐走到我们面前，长发，雪纺裙，锥子脸，大眼睛……当她的脸慢慢在我眼中成像时，我忽然发觉，林诺什么的都是浮云，躲不过"衰神"才真真是最可怕的事。

苏蓝若走到我们面前，款款停下，扬唇浅笑。

"嗨，我没迟到吧？"

一句话，让我如坠冰窟，还有比被自己的好朋友下圈套更令人寒心的事吗？我转过头，以苏蓝若看不见的角度，用眼神朝着林诺疯狂地发射飞刀。

"没有没有，我们也才刚来，苏大美女肯加盟演出，我们觉得荣幸之至啊。"林诺哈着腰，涎着脸，将"狗腿"二字诠释得淋漓尽致。"那么，既然男主女主都来了，我们就直接去排练房对戏吧，大家都等着呢。"

"嗯。"苏蓝若点点头，顺着林诺手指的方向往前走。

我一把拉过林诺，踹了他一脚，用口型问道："怎么回事，你好像没告诉我今天就要开始排练吧？"

林诺挤眉弄眼地朝我笑笑，回以口型："大哥，时间紧迫，没办法啊，你就帮帮忙吧。"

我还想说什么，苏蓝若忽然回过头来，一双清凌凌的眼睛直直地瞅着我，笑得一脸窘迫，"那个，同学，我觉得你特别眼熟，我们是不是在哪里见过？"

什么叫无边落木萧萧下。

什么叫三月天里寒冰雪。

我郁闷了,非常郁闷。这世界上最让人寒心的,不是你被你的好朋友暗算了,而是,你将一个人深深地刻在脑海里,那个人却丝毫不记得你。

第一次,我面对一个女生,竟然不知道该作何反应。

林诺难得的反应迅速了一回,简单替我做了介绍后,岔开话题,拉过苏蓝若开始询问与剧本相关的问题。我则跟在他们身后,一路上都心神恍惚,觉得不甘,却又不明白在不甘什么。

排练的时候我分心分得厉害,一直进入不了状态,每次只要一对上苏蓝若那张无辜的脸,我就会忘词。反复试了几次,都卡在台词上。

我抓着剧本,更觉得心烦意乱。

林诺也察觉到了我的反常,拉着布景员和提词员说了些注意事项后,早早地就让大家散了。

苏蓝若整理好东西,走出了排练室。夕阳将她的影子拉得特别长,在门口折了一下,才慢慢消失。

林诺在一边整理道具,我望着门口两扇门投下的阴影出声:"喂,你说苏蓝若,她到底是个什么样的人啊。"

暖歌被她唱出了悲伤的味道

"美女,中文系的系花。才女,连续拿了两年的奖学金。呆萌,反应有些迟钝。健忘,常常忘记刚刚发生的事。有些近视,却不喜欢戴眼镜。重承诺,答应别人的事一定会做到。身边朋友不多,总是一个人……"

林诺的那些话一直在耳边萦来绕去,与苏蓝若相识的点滴也一帧帧在我脑海中如默片倒回。几日相处下来,我越发能确定一件事,那就是,苏蓝若是真的不记得我了。不知怎么的,在确定这个事实后,我就感觉胸口像是被什么东西堵住了,难受得紧。

百无聊赖中,我拿出了夹在词典中苏蓝若的那张登记照。

照片上的苏蓝若扎马尾,眼神干净。这样的人也能算美女吗?中文系的男生都是瞎子吧。我顺手又将照片狠狠夹了进去,还不解气,又忍不住拿过词典重新掂了掂照片,数落道:"你凭什么不记得我呀,不知道这样对别人很不尊重吗?"

正嘀咕间,身后传来巨大的响声。我迅速地收好照片和字典,回头就看见站在门口的林诺,不客气地吼道:"你又发什么神经?门不是你家的,所以就用踹的吗?"

林诺没出声,一反常态地扒拉着床铺,不知道在找什么东西。

我凑过去,被他推开。我又凑过去,就见他不知从哪拽出一件白衬衣,拿在身上比画来比画去。

我抱着手臂斜眼瞅他:"不用比画了,这衬衣你穿不了。"

林诺惊讶地望着我："为啥？"

我嗤笑道："你没看到胸口那么大一块油渍吗，要去约会也不知道提前洗洗？"

林诺挠挠头，"其实不是去约会，只是蒋筱过生日，约我去唱歌。"

蒋筱，林诺从大一入学开始就一直暗恋的女生，据说是他老乡。明眼人都看得出来他们对彼此有意，但就是死活没人戳破中间那层纸，于是关系十分不明朗。

"除了你还有谁要去？"

"她们宿舍的女生吧，哦，对了，苏蓝若跟她一个宿舍，应该也会去吧。"

我一听来劲了，阴郁已久的心情陡然放晴，伸手豪气地拍了拍他的肩膀，"等着，哥哥我现在就去给你找身体面的行头。"我翻箱倒柜地找出压箱底的宝贝，拾掇到林诺身上，然后理所当然地搭着林诺的肩膀，准备去他们约好的那家KTV蹭吃蹭喝蹭玩。

推开门，几个女生又笑又闹地跳成了一团，只有苏蓝若，拿着话筒在一边安静地唱着五月天的《知足》，"当一阵风吹来风筝飞向天空，为了你而祈祷而祝福而感动，终于你身影消失在人海，才发现笑着哭最痛……"

明明是首温暖的歌，却被她唱出了悲伤的味道。我站在门口，看着彩色旋转灯光下她模糊的面容，心里像是被什么拉扯着，隐隐作痛。

关于她的标签，又多了一条：她喜欢五月天。

那天晚上，大家都很开心。林诺更是听了我的建议，中途出去制造惊喜了。十分钟后，林诺抱着一大束花，推着蛋糕回来，当着大家的面向蒋筱表白。大家高喊着在一起，在一起，蒋筱的闺密适时地将她推到了林诺怀里。

两个人相拥着，笑容洋溢。

一瞬间，气氛high到了极点。

我跟着人群一起鼓掌，眼角余光扫到了苏蓝若。她依旧站在角落里，拍着巴掌，抿着嘴，嘴角微微扬起，眼神里写满了祝福。

不知道是谁又点了一遍五月天的《知足》，大屏幕上，五月天在唱："如果我爱上你的笑容，要怎么收藏，要怎么拥有……"

什么时候起，她的一举一动全都落在了我眼里？

连日来的不安，焦躁，心神不宁，终于有了一个合理的答案。

那就是，我早在不知不觉间，喜欢上了这个曾被我奉为"衰神"的女孩儿。

想要时间走得慢一点儿

往后几天排练，我都能很快进入角色，林诺直呼我转性了，懂得配合大众了。

每次林诺调侃我的时候，我都能看到苏蓝若在一边抱着剧本，笑得含蓄又内敛，就像一株亭亭玉立的百合花。我有时候也会想，为什么当初那么长一段时间，我都会认为自己的霉运是她带来的呢？究其因果，大概是，我的潜意识里早就认定了她的与众不同，所以才会每次在见到她之后，由于过分分心而导致错误频出。

她怎么可能是"衰神"呢？分明是"女神"好吗。

《后羿射日》这出戏里有个桥段，就是后羿为了拯救苍生，拉弓引箭射下了天上的九个太阳，以此获得嫦娥的芳心。在林诺的剧本里，这十个太阳是十兄弟，后羿射下其中九个之后，最后一个下凡来找后羿决斗，频频受挫之后，发现后羿最大的弱点，竟然是嫦娥。于是引诱嫦娥吞下不老药，让她飞去了月亮。整个剧的反转和高潮就是，后羿舍弃了天生神力，与太阳神签下不平等条约，化身为玉兔，陪在嫦娥身边。

玉兔知道嫦娥是嫦娥，嫦娥却不知道玉兔就是后羿。

所有的人设、结局贯彻了最痛不及心痛的理念，充分融合了相爱却不能相守，相守却对面不相识的悲剧元素，将原本普通的舞台剧主题上升到了一个爱而不得的高度。

其中，后羿与太阳神签署条约，变成玉兔的时候，会有一段后羿的内心独白，这段独白的优劣直接决定了整部剧的灵魂归属。

于是那几天，我都被林诺逼迫着练习背剧本和台词。常常大家都走了，我还在排练室里练习。自从了解到自己对苏蓝若的真正心意后，我就对这出舞台剧投入了空前的热情。

那张附着苏蓝若名字的登记照，也被我悄悄地收进了钱包的夹层里。我从来没有想过，有一天，这张照片会被我自己奉若珍宝。我也从来没有想过，当真正喜欢上一个人时，所有的自信都会变成不确定，而所有的勇气都会变成小心翼翼。

苏蓝若还是老样子，排练时笑容清浅，解散后，慢吞吞地收拾东西。着急的时候，会风风火火地冲进排练室，但大多数的时候还是不温不火的样子。她还极其喜欢植物，经常会看到她的肩头或者发梢间夹杂着说不出名字的绿叶，也许是去过学校的花圃吧。

我捏着在苏蓝若脚边捡到的绿叶，正出神间，就听到排练室的门被人推开。彼时，大家已经排练完，离开许久了，回来的，只会是一个人。

我笑着抬头，就对上了苏蓝若的眼睛，清凌凌的，仿佛淌着一汪水。

"你还在这里呀。"苏蓝若牵了牵裙子，走到舞台边的置物柜上拿过一本书，冲着我扬了扬，羞窘地笑道，"我把这个忘在这里了。"

我悄悄将绿叶收进口袋里，站起来拍了拍裤子，"我跟你一起走吧，今天也背得差不多了。"

苏蓝若犹疑了一瞬，还是点了点头。

我从她身边拿过放在置物柜上的背包，朝前走了几步，回头说："你不走吗？我送你回宿舍吧。"

"嗯，就来。"苏蓝若应着声小跑几步走到我身边。

暖橘色的灯光将我们脚边的影子拉得很长，一起在门边折了下，然后重叠到一起。

第一次，我走在一个女生身边，想要时间走得慢一点儿，再慢一点儿。

那是一个独属于我们的时代

那晚之后，苏蓝若和我的关系总算是近了一步。

有时候，她也会陪我一起排练，对台词。晚上偌大的排练室里，只有我们两个人的声音在排练室来回传递。隔得远些，听起来便像是两个人在窃窃私语。即便是这样的时候，我也不敢生出些旖旎的想法，苏蓝若太纯粹，纯粹得好像我的想法会弄脏了她。

不过，我们之间的感情戏倒是越来越默契，连林诺都直夸我们领悟力强，配合度高。随着时间的拉近，我们的排练也即将进入尾声，我忽然特别舍不得。

夜里烦闷得很，我便拉着林诺翻墙出去吃夜宵。

刚刚越过墙头，林诺一只腿还挂在墙上，就听见不远处"哎呀"一声惊呼,这是独属于女性的声线。

大半夜的,我和林诺面面相觑,唯恐碰见什么不干净的东西。

林诺趴在墙头上,不敢动弹,我打亮了手机手电筒,顺着声音传来的方向慢慢找过去,就看到坐在地上揉着脚踝的蒋筱和抱住墙头表情惊恐的苏蓝若。

这样的场景真是让人又好气,又好笑,于是我老实不客气地笑出声来。

苏蓝若听见我的声音,急得都快哭出来了。

蒋筱在一旁用另一只完好的脚踢中我的小腿,不客气地吼道:"快去把若若抱下来啊,不然摔下来更疼。"

听见动静的林诺动作迅速地跳下来,直奔受伤的蒋筱,于是我只好朝着苏蓝若走去。她努力扒住墙头,不上不下,想跳又不敢跳的样子,一看就知道是第一次翻墙,我走过去,站到便于接住她的位置,柔声安抚道:"跳吧,我会接住你的。"

苏蓝若使劲儿摇摇头,泪水在眼眶里打转,明明坚持不住,却还是咬着牙死撑着。没办法,我只好对着她大喊:"看你手边是什么,好像是壁虎。"

她果然受惊松了手,我见机上前一步,抱住了她,只可惜距离估算错误,冲力太大,一起跌到了地上,她正好压在我身上。

黑暗中,倒下来的一瞬间,我的嘴唇似乎碰到了什么柔软的东西,然而我不敢多想。不远处,林诺扶着蒋筱,打开手机的手电筒功能朝着我们走过来。我借着光亮,赶紧将苏蓝若扶起来,再三确认她没有受伤后,才松了一口气。

我搓着手,小声说道:"喂,刚刚不是故意要骗你的。"

苏蓝若点点头,没有出声,低垂着眼睛,也不知道在想什么。

这个时候一束光晃过来:"什么人!"

我们四个人一惊之下,开始拔足狂奔。

那面矮墙是我们学校出了名的"越狱墙",学校为此还特地安排学生会和保安每晚来这里巡逻,如果被逮到,可是会被记过入册扣学分的。曾经有不少英雄豪杰,都败在这面看似不起眼的矮墙下。

那天晚上坐在烧烤摊前,我才知道,蒋筱和苏蓝若冒险翻墙出来,是为了去排队买五月天演唱会的票。

7月份,五月天要来世纪广场开演唱会,今天开始预售。

于是我和林诺便充当起护花使者,护送她们一起去售票现场排队。

明明是七点开始售票,售票厅外却早已大排长龙,队伍中有男有女,纷纷举着牌子、海报、CD,以及印着五月天头像的花T恤。苏蓝若表情有些沮丧,蒋筱直接跑去一边的便利店买了一副扑克牌。

我们四个人就在斗地主、干瞪眼、跑得快中度过了一整夜。

虽然到最后，我们还是没有买到演唱会的入场券，但，也算是一次难忘的回忆了。

后来，很久之后，我们四个人再相聚，谈起那天晚上的事时，仍然带着止不住的笑意。那是独属于我们的疯狂和青春，那是一个独属于我们的时代。

哪怕舍弃一切，我也甘愿

回去之后，大家都十分默契地绝口不提昨晚的事。公演时间开始倒计时，排练的时间越来越紧锣密鼓。

苏蓝若倒是再没有提过关于五月天、关于演唱会的事，然而我却一直悄悄准备着，四处托人打听，想要拿到两张票。

我想要在公演结束的那一天给苏蓝若一个惊喜，我想陪她去看演唱会。

五月天有一首歌，叫《私奔到月球》，而那出后羿射日里，后羿在变成玉兔时，其中有句台词就是："我愿意陪你私奔到月球，哪怕你不认识我，哪怕你永远都不会知道我是谁，我也想要一直守护在你身旁。因为，你是我在人海尽头中，找到的那个唯一。"

我想告诉苏蓝若，我——林久弋，想要站在她身边，做她的那个后羿。

一切似乎都井然有序地朝前发展，然而，老天偏不遂人愿。

苏蓝若在学校图书馆做义工，整理借阅后的书柜时，不慎从扶梯上摔了下来。

得知这个消息的林诺急得像热锅上的蚂蚁，在确定苏蓝若得卧床一周的消息后，终于开始转道找别的演员出演嫦娥。

而我则不顾讲师还在讲台上滔滔不绝地说着美国经济史，直接三步并作两步地朝学校医务室飞奔而去，气喘吁吁地站在了病房外。

病房里，苏蓝若靠坐在床上，低头专注地看着一本书。窗外阳光斜斜地打进来为她圈出了一层金灿灿的毛边。她洁白的耳朵在阳光的照射下，微微泛红，如同一枚剔透的琥珀。

那一瞬间，我忽然明白了什么叫美人如玉，什么又叫岁月静好。有些东西在我心中，越发明朗了。

我笑了笑，选择了离开。这时候，不打扰，才是最大的温柔。

走出学校医务室时，又被几个小学妹拦住搭讪，我恍惚就想起了第一次遇见苏蓝若的场景，只是如今，再没了当初那份调戏小姑娘的心思了。

原来当你喜欢上一个人，所有你曾引以为傲的一切，真的都会变成浮云。你在意的，不过是她笑了吗，她好不好。

一周后，公演还是按照原定的时间开始。尽管原定女主角缺席，换了候补，但丝毫不影响这出舞台剧的人气。林诺说，这得益于我的名气，而我则认为，这全靠林诺处理人际关系的手腕了得。

某种程度上，我还是十分佩服林诺的，不管是应对突发状况，还是洞悉身旁人的心态。我曾经有次趁他喝醉酒后，套他的话，问他为什么当初会选定我和苏蓝若出演男女主角。没想到，林诺会眨着晶亮的眼睛，一本正经地回答我："因为，她对你是不同的。"

连林诺都早就看出来的事，为什么我到最后才明白呢？

表演渐渐进入尾声，后羿流着泪与第十个太阳神签订条约，答应放弃神力，成为一只玉兔，只要能与嫦娥永远在一起。当玉兔慢慢跑到嫦娥脚边，被嫦娥抱进怀里时，后羿心中是满足而幸福的。

我在幕布后念白："为了你，哪怕舍弃一切，也是我甘愿的。"

台下掌声雷动，帷幕慢慢拉上，我跟着扮演其他角色的同学们一起站到台前来鞠躬谢幕。起身的一瞬间，我似乎在人群后面看见了苏蓝若的身影。我激动地跳下了舞台，顾不得其他，直直越过人群朝着那个影子跑过去。

然而，礼堂外，什么都没有。

她没有来。我有些失落地望着追出来的林诺。

林诺什么都没说，只安慰性地拍了拍我的肩膀，然后拉着我朝学校食堂走去，那里有这场演出的庆功宴，所有为演出付出过努力的人都将欢聚一堂。

我有些沮丧地跟在林诺身后，也不知道走了多久，只觉得眼前陡然光芒大盛，似乎有人背着光朝我走过来。

空气里弥漫着不知名的花香，那个人走到我面前，将一束百合塞到我怀里，她歪着头，浅浅一笑，清凌凌的眼睛像是落满了星辰："表演很精彩，只可惜，女主角不是我。"

有你一起看星星在争宠

林诺导演的《后羿射日》由于人气爆棚，于是由原定的三场，加演到七场。

苏蓝若的脚伤彻底痊愈后，在我的强烈要求下，终于在第四场表演时，回归舞台。由于苏蓝若的到来，我饰演的后羿更加生动多情，赢得了无数小学妹们的青睐。为此，苏蓝若好几天都没有搭理我。

公演完美收官后，我也终于如愿以偿地拿到了五月天演唱会的门票。

仔细翻过皇历，确定了吉日后，我才将辛苦搜罗来的票挂在一株仙人球上，献宝似的站在苏蓝若面前，诚心邀请道："小姐，你有兴趣和我一起去看五月天的演唱会吗？"

苏蓝若的眼里漾满笑意，她牵了牵裙角，做了个宫廷淑女的标准回礼，然后将手慢慢放在我的手心里。

"这星球天天有五十亿人在错过，多幸运有你一起看星星在争宠。

"一二三牵着手，四五六抬起头，七八九我们私奔到月球。"（《私奔到月球》五月天）

末塔的猫

流萤回雪

末塔抱一只猫上学。

清晨的校园路上,末塔的皮凉鞋在被夜雾浸得硬邦邦的路面上啪嗒啪嗒地响,她背着一只大得要命的书包,怀里是一只大大的懒猫。

末塔把它小心翼翼地放到教室门口的花园里,就进教室了,她会看着它像个圆滚滚的球一样滚入花丛里,没有人知道那是末塔的猫。

1

末塔是个很少说话的女孩儿,因为这座城市的人流行说普通话。末塔一张嘴,就是拗口的乡音。她也试着说普通话,可是一说出口,不是别人笑,就是她自己笑。

后来，老师不怎么叫她回答问题了，她也不怎么和其他人说话，就坐在教室的一角，安安静静的。

"其实啊，末塔的声音还挺好听的，不要觉得方言怎么样。哎，你家那边，是什么样的呢？"有那么一天，班长突然找她谈话。

"我家跟这边太不一样了，不像这边有规整的房子和高楼。那里有平房，有稻田和水车。"末塔就那么小声地，不好意思地说。

末塔闭上眼都能看到妈妈站在稻田边上的样子。那是放学的暮色里，妈妈在路上等自己，背着一个大大的筐子。妈妈，还有每棵树、每棵草和每个蚱蜢的影子都被太阳拉得长长的。

再一眨眼，面前站着的就是劝自己要多和同学交流的班长。

运动会就要召开了，班主任站在讲台上念名单，争取为班上的每个同学都安排出来比赛项目。一个又一个同学的名字点过去了，连体育最不好的那几个也被分到拔河组了。

他问："你们每个人都有项目了吗？"

大家一起回答："都有了！"

没有人想起末塔。

等铃声响起，大家都从座位上跳起来了，他们拿起五分钟之前就收拾好了的书包，纷纷跑掉了。校园一片喧哗，就像是被风吹过的树林一样。

没有人会注意一只肥滚滚的猫无比灵活地躲过每个人的脚步，迅捷攀上教学楼三层的楼梯，出现在只剩下末塔的教室里。

"运动会的一天半，是我们两个的了。"末塔对猫说。

2

运动会的这天早晨，末塔抱着她的猫溜走了，带着探险一样的心情离开校园。

来城里几个月了，末塔却好像一直被圈养在学校里，根本没有走出来过。她上车时还有些心惊肉跳呢，因为之前只是听宿舍里的同学讲过，出去玩该怎么走，如果记错了，还真不知道会走到哪里去。然而，搭5路车，再转3路，末塔还是顺利来到了城里最繁华的商业街。她跟着人群等红绿灯，又跟在这群人的末尾小心地过斑马线，非常不确定地看着两边的行人、LED灯，还有反射着灿烂阳光的高楼大厦。

她对自己说，如果阿弟能看到这个，应该会很开心吧。阿弟以前只在书本上见过高楼大厦，那时候末塔给他解释半天，可是他还是不懂，那一栋栋高高的方方正正的建筑到底是什么。当时末塔告诉他："我就要去有这样建筑的地方念书了。"小小的阿弟乐得拍巴掌，非要和姐姐一起来。

末塔站在一个商场的门口，下定了决心，终于要踏进去了。

怀里的猫突然跳了下来！

在所有人都没有反应过来的时候，猫迅速往相反的方向跑去。"啊呀，等等！"末塔开始追猫。她跑过了三家商场，一个公园，又跑过了一个菜市场，实在跑不动了，她坐在地上无奈地苦笑起来。

"嘿，末塔。"忽然，一个熟悉声音在脑袋后面响起来了，"你为什么跑呢？我跟着你，跑过了两家商场，还有一个公园。我在后面喊你，你都没有理我。"

"班长你也没去运动会啊？"末塔脸红了，小声地问。

"人们都不会想到，班长会在运动会的这一天失踪啊，"班长伸了一个懒腰，"好不容易出来散散心吧，又碰见你了。"

3

末塔低着头，班长站在她的右边，努力跟她套近乎。

"你学习累吗？"班长问。

"有时累，有时还行。"末塔小声答。

"我也是有时累，有时还行。那，你平常吃得好吗？"他又绞尽脑汁地问。

"中午吃得好点儿，早上和晚上就随便啦。"还是小声答。

"我也是中午吃得好点儿，早晚随便。你刚才着急追什么呢？"

"我丢了一只猫，可着急了。"末塔把头抬起来，皱着眉头看向前方。

"我也丢了一只猫，也是可着急了。呃，哈哈哈哈……"看到末塔疑惑的眼神，班长继续补充，"没有骗你啦，我家里有只猫，最近丢掉了，丢了算啦，没什么的。"

"那怎么行呢，我最爱它了。虽然不知道它以前是谁家的，但是如今它每天早上和晚上都会和我在一起的。我在这个地方，最好的朋友就是这只猫啊。"一想到这件事，末塔都快要哭了。

"可能我们走走，就在前面找到了。"刚一开始，班长还想笑，可是现在看到女孩子要哭了，赶忙就拉起她的胳膊，一起往前走去了。

他们走过种满梧桐的街道，末塔仰起脸，看着头顶叠青泻翠的绿色，就更有些害羞了。她从来没想到会和班长轧马路，更没有想到会和班长找猫。在她很久以前的那个班级里，男生和女生是一句话都不能说的，如果有女生主动和男生说话，要传上一个星期的"绯闻"呢。

然后，然后他俩居然迷路了。因为怕同学知道自己在外面玩，班长也不能打电话问路，就走到路边的卖报亭，买了一份地图。他一只脚踩在马路牙子上，一只手懒洋洋地展开地图，颇为神气地指起路来了。

哎，那一瞬间，末塔觉得班长自信得好笑，又骄傲得可爱，多么像只猫啊。

4

末塔从来都不知道，从清晨时猫被自己放下的那一刻，一直到放学前，这段时间它到底在哪里。也许它抓虫子吃去了，也许它晒了一天的太阳，也许它还物色了下一个主人。但是，末塔相信，这不是一只普通的猫，否则它怎么可能会那么聪明？它知道每天早上跳到末塔的怀里，也知道每天放学后来末塔的班级，就冲这个，也不能轻易地给猫取名字，它就叫猫，就这样。

班长听了她的这个解释，无奈地摇了摇头："我还从来没有见过这样聪明的猫。"说着，就踩在窗台上，擦起了窗户。

运动会的那天，两人都没有想到，这天是需要签到的，所以班主任在运动会后的第二天就把他们提溜到了办公室，好一顿猛批，还罚他们打扫一星期的教室。当时，末塔心里先是挺低落的,后来突然又高兴起来了。能和班长在一起扫教室,听上去也蛮好的啊。

"哪里是惩罚嘛,简直是奖励!"末塔自己跟自己说道,脑袋里在放烟花,然后就帮班长擦窗户了。

但是,后来的几天,当大家发现末塔和班长放学后一起留下来的时候,就对此颇有微词了。

"那个从乡下来的怪女生,怎么老和班长黏在一起。"有一次,女生们在体育课的自由活动时间窃窃私语着。

"你们要多把功夫用在学习上,就不会想这些有的没的了。人家末塔家里有一个弟弟,一个妹妹,平时那么忙,还能从家乡考出来,还能拿助学金,比你们强多了。"班长就这么站在大家的背后,冷冰冰地说到。

而放学后,拿着抹布擦黑板的末塔跟班长说:"其实没必要用那样的口气跟其他同学说话啊。"

他看了看头上滴着汗珠的末塔,"可是我会在意啊。你这么努力,我就会在意你的努力值不值。"

听完了这话,末塔立刻恍然。自己以前的班主任也是跟妈妈这样讲的,当时,妈妈不大舍得让末塔出来念书,可是老师就说,末塔实在太努力了,如果仍然留在家乡的学校,这样的努力就会不值得。后来,妈妈就放手让末塔出来念书了。

"我好幸福。"末塔笑起来。

"嗯？"班长在背后嘟囔。

"能来这里念书，我很幸福，能和你做朋友，我也很幸福。"

出去打水的时候，末塔特意走到教室门口的花园处，期待那个圆滚滚的身影正卧在某棵树下。哪怕只和它见一秒，分享分享现在的心情也行啊。然而，什么都没有。

"喂，猫也会想念你的！"班长站在窗台上，对外面的末塔大声喊道。

5

"末塔，末塔。"半夜的梦里，突然有人这么叫着。

末塔居然知道自己是在做梦，就又不由自主地朝声音的来源望去。

只看到脚边，有一只大大的黑猫。

黑猫说："我是猫之神，我想让你帮我传一个口信。"

"猫之神？口信？"

黑猫懒洋洋地说道："你的班长，其实是一只猫嘛，它央求我，让我把它变成你的班长。"

"乱讲啊，那我原来的班长呢？"

"具体的事情比较复杂，不能告诉你。我只能跟你说，它变了几天班长，马上就要恢复成猫了。你之前的班长也要回来了。我怕这只猫完全忘记了这桩事,到时候会出岔子,冒出来两个班长,只好托你帮我捎个口信嘛。唉,猫局事务司的工作也不好做啊。"

第二天的清早,末塔早早地就飞奔到学校了。教室里那干干净净的样子,是昨天和班长一起打扫完的。这里没有其他人了,末塔的心"怦怦怦"地跳个不停。

教室的门打开了,是那个熟悉的人啊。

"班长,你是一只猫吗?"末塔对着他很不确定地说。

本来,末塔没想这么问的,可是昨天晚上的梦太逼真了。醒来后,就一直想,如果班长真的是只猫呢?

谁知道,班长冲着自己点了点头:"对,我是只猫。这是我最后一天做人了。"

6

世界充满着奇迹。

一个大大的地球,有许多大大的城市,每个城市里,有那么多的居民。在这样庞大的地方里,绝对可能会有一个小小的概率存在,那就是,有那么一只猫,一直都很心疼一个不怎么说话的女生,每次看到她天天最后一个放学回家,就会担心她累不累,看到她早上只吃那么点儿东西，就会担心她饿不饿。

于是这只猫就很想变成一个人，来照顾这个女生。那么，变成谁呢？有一天，她跟它说，班长居然会问她家乡是什么样子的，那高兴的笑容，就让猫这么下了决心：嗯，就变成班长好了。

这天放学后，"班长"还是和末塔一起打扫教室的。两个人都没有怎么说话，蓦地，末塔就想起了那个迷路的下午。他，不，这只大懒猫，就站在马路边上，一条腿翘起来踩在马路牙子上，一只手懒洋洋举着地图，为路痴的末塔指明该怎么怎么走。那真的是一个永远都忘不掉的下午。

"喂，末塔，我一直都没有说过，我从清晨到傍晚的那段时间在做什么。"

"在做什么？"

"我在找下一个主人啊，毕竟你是学生，又不能在宿舍养猫。我要找一个能给我提供食宿的。"班长举起手握起拳头，耍着宝，像招财猫一样来回摇摆着。

"还会变成人吗？"末塔有些好奇地问。

"每一只猫的一生，都只能变一次人，每次一星期，"他跳到桌子上，慢慢地，慢慢地开始转变成一只猫，"我要住在长春路口西街了，那里有一家人，之前经常喂我猫粮呢。"说完话，他的胡须就变成黑的了，身体也变成毛茸茸的了。

"我会常去看你的！"末塔说。

"最后一句话——你可要照顾好自己的，末塔，喵！"曾经那一只懒洋洋的大胖猫，又跳到了末塔的怀里。

窗外起了风，树叶哗啦啦响动。恍惚间，一只白色的猫像闪电一样奔过校门。那时候，末塔和怀里的猫想的都是：等到它能变成人，会选择变谁呢？

不是每一个童话都只是童话

沐芝芝的爱情不转弯

陌浅狸

1. 人不可貌相，海水不可斗量，可爱矫捷的猫咪没准就是披着羊皮的狼

大一下学期的时候学校里突然掀起了一阵网游风，无论男女，不分专业，从《泡泡龙》到《魔兽世界》，从益智竞技到角色扮演，似乎谁不玩谁就out了。一向走在时尚末尾的沐芝芝也赶了回潮流，加入了《梦幻西游》大军。

说起来她也是个游戏小白，2009年春节时在世界频道不停地叫嚣"求师傅求罩"。刷完屏之后她的聊天窗口立刻不停地跳动，私密消息接二连三，各种奇葩层出不穷。

沐芝芝第一眼就注意到那个昵称，在一堆"皇朝至尊"这样不忍直视的名字中，"旧城黑猫"简直就是独树一帜的小清新，她想都没想就选择了同意。

旧城黑猫迅速发来私信:"站在长安城下别动,我去找你。"

哈气成雾的天气,沐芝芝的心却因着这句话暖了起来,嘴角抑制不住地上扬。

没多久那人就乘着白鹤徐徐落在她面前,手执长矛,锦衣玉披,沐芝芝被这身行头闪花了眼,心底有个声音不停地尖叫:"就他了,就他了。"

黑猫主动做起自我介绍:"今天起你就是我的徒弟了,我叫付时锦,性别男……"

作为新时代的好徒弟沐芝芝自然是相当听话的,他下达的命令都一丝不苟地完成,一回生二回熟,久了之后沐芝芝还会屁颠儿屁颠儿地帮他跑腿。每到这时付时锦就会笑得格外狡猾,末了再感慨一句:"真不愧是我的好徒弟啊。"只剩下气得鼓着包子脸的沐芝芝哑舌表示自己误入师门。

俗话说得好啊,人不可貌相,海水不可斗量。沐芝芝后来才发现文艺小清新什么的完全和他搭不上边儿,腹黑才是他的代名词。更多时候他是非一般的毒舌,甚至用毒舌形容都远远不够,他是属辣椒的,呛死人不偿命。

端午的雨夜,沐芝芝翻来覆去难以入睡,在QQ上给他发信息:"师傅,屋外众多青蛙扰徒清梦,该当何罪?"

付时锦立刻贼兮兮地坏笑:"乖徒可听仔细了,保不准你的王子就在其中。"

在那个还不会说"友尽"的年月，火冒三丈的沐芝芝采取了最老套的泄怒方法："拉黑！从此山水不相逢！"

"小徒弟也真是，师傅和你开玩笑的，像我这么好的师傅可是打着灯笼都找不着的。"

不到三分钟……好哄的沐芝芝又缴械投降，没出息地继续和他聊天。

"提问：遇上腹黑毒舌君怎么办？"

"答：先发制人，以理服人，如若不行，撒泼耍赖。"

"再问：求师傅赐教！有没有终极大绝招？"

"再答：卖萌！"

"师傅……付大人……"

"你师傅我不吃这招……"

2. 夕阳把他的身影拉得很长，她跟在他的身后踩影子，一步一步，像是在奔赴自己的爱情

沐芝芝下定决心去看他是2011年5月的事情了。虽然之前就看过他的照片，但一路上她还是忐忑得不像话，脑海里不停循环电视上相亲的场面，列车摩擦铁轨发出哐当哐当的声音，寂静的车厢里她脸上的潮红攀爬到脖颈。

深夜两点的火车，六点半进站。

沐芝芝给他打电话时他似乎还在睡梦中，慵懒的声音通过手机直直传进她的耳朵里，她又不争气地红了脸。

她压低声音想要掩盖住自己的慌乱与激动："我在你们火车站出站口，你过来接我呗。"

"真的假的？"

"骗你有糖吃吗？"

电话那端传来他慌忙套衣服的声音："别乱跑啊，到休息室等我，我二十分钟后到。"

这短短的二十分钟沐芝芝坐如针毡，不停地设想他们初次见面会是怎样的场景，脑子里还自动跳出了一句"丑媳妇总要见公婆的"。

她蹲下身系鞋带的时候，忽然感觉自己被罩在一团阴影里，身后是气喘吁吁的声音。她回过头去，看到穿着黑色T恤、米色休闲裤的瘦高男生，脸因为剧烈运动而泛红。沐芝芝一颗悬着的心突然就放了下来，终于见到他了，真好。

沐芝芝笑嘻嘻地凑到他跟前："嗨，相公。"

他一记栗暴扣在沐芝芝头上，"你傻啊你，招呼都不打一声就过来，如果出事了怎么办？如果我是个坏人怎么办？"

沐芝芝突然就觉得有点儿委屈，耷拉着脑袋不吭声，一副小媳妇样儿。

他的心一下软了起来，无奈地叹了口气，揉了揉眉心:"怕了你了,走吧,师傅带你去吃好吃的。"

路两旁种满了鸢尾和不知名的红色花朵,香气馥郁,浅浅蔓延。男生身上特有的香味随着微风萦绕在她鼻尖,却又稍纵即逝。在付时锦看不到的身后,沐芝芝低下头暗骂自己花痴。

他轻车熟路地带沐芝芝去了一家别具风格的小餐馆,得意扬扬地介绍这是他无意间发现的宝地。

"敞开肚皮吃吧,师傅包你吃个够。"

大概他自己都不知道他笑起来多好看,璀璨双眸宛若星辰,一个不注意便让沐芝芝沉溺其中。沐芝芝只喝了半碗粥就放下了勺子,假装打量餐馆的环境再时不时偷瞄他几眼。可能她的动作略夸张了些,付时锦若有似无地挂着微笑:"醉翁之意不在酒哦。"

怎么这点儿小心思都逃不过他的法眼呢。

吃到一半他忽然放下碗严肃地看着沐芝芝:"你这次出来你家里人知道吗?"

沐芝芝用自己才能听到的声音回答:"不知道……"

"你傻啊你,都不和家人打声招呼,他们找不到你着急怎么办?"

自知理亏的沐芝芝继续嗫嚅:"我上大学了呀,又不是中学生……"

"那也不行啊,出了事怎么办?"他抬起手又想敲沐芝芝的头。

"可是我就想见你啊。"沐芝芝笑的时候大眼睛会眯起来,弯成美好的月牙形。

付时锦微微愣了一下,右手突兀地搁在半空中,而后又不自在地放了下去,眼睛里是沐芝芝看不懂的神色。

"我带你逛完你就买票回学校啊,听话。"

付时锦说完之后,沐芝芝有很长一段时间的沉默。"好的,师傅。"她低着头,脸快要埋到碗里去,像犯了错的小孩儿。

一天的时光过得飞快,黄昏时分的落日在微微湿润的空气里酝酿着五彩的缤纷。付时锦去火车站送她的时候,即将检票进站的沐芝芝突然折返回来,跑过去紧紧地拥抱了付时锦,她靠在他的耳边说:"付时锦,我喜欢你。"她的面容逆在夕阳的余晖里,眼睑下铺上了一层淡淡的橘光,像极了偶像剧的女主角。

可惜的是,男主角并没有深情款款地让她不要走,而是豪气地挥了挥手后转身离开,留给沐芝芝一个潇洒的背影。

3.给他找了许多借口,却没有一个能说服自己的心

回去之后,付时锦慢慢地疏远了沐芝芝,《梦幻西游》也很少有他在线的身影。沐芝芝不停地安慰自己,也许他是忙,也许他电脑坏了……

给他找了许多借口，却没有一个能说服自己的心。

沐芝芝给他打电话旁敲侧击地问他是不是出了什么事，怎么好久都没看到他上线，末了还故作轻松地打趣，是不是不想要她这个徒弟了？

电话那头的付时锦压低了声音说最近很忙，不要再打来了，随即"咔嚓"一声断了线。沐芝芝愣在那里，手里握着还热的电话线，有点儿茫然。

燥热的天气，沐芝芝的心却像下了一场大雪，身体冻得瑟瑟发抖。沐芝芝怎么可能听不到电话那端清脆的女音——"付时锦你干吗呢？快到你了。"

爱情游戏，谁认真谁就输了。

沐芝芝不愿用失恋这个词来形容她的悲惨遭遇，因为她哪里称得上失恋？只是她不愿承认从头至尾都是她一厢情愿罢了。

那天晚上，沐芝芝去校外的烧烤摊，她拉着闺密夏柠的手哆哆嗦嗦："我好难受啊，我真的好难受。

"夏夏，其实啊……其实我知道他有女朋友了。我去找他的时候，他接电话时我听到有女生问'时锦你今天干吗了'，你知道吗，最可笑的是他竟然回答是，陪旧同学玩了。你看，他都不愿意承认我是他徒弟……还有他的钱包，一打开就是他们的合影照，手机屏保也是，那么明显，我怎么可能看不见？我一大活人没瞎没聋的，他这不是欺负人嘛……

"在火车站和他表白的时候,他说我们不是一个世界的人。去他大爷的,他以为自己是外星来的吗……"

沐芝芝断断续续地讲了很多,从小声呜咽变成号啕大哭,灵动的大眼睛也肿得像核桃。她一直坚信没有等不到的爱情,只要一颗对爱情单纯执着的心,来日方长,谁和谁在一起还是个未知数。所以她自欺欺人,她蒙上双眼不愿去看清真相,可是付时锦却突然离开,让她的一切坚持都失去意义。他亲手给她编织美丽的梦,也亲自把她从梦中叫醒。

这之后,沐芝芝卸掉了《梦幻西游》,开始习惯和夏柠逛淘宝、看电影,偶尔网页上跳出《梦幻西游》的宣传广告,沐芝芝不紧不慢地看完点个红叉。

并没有彻头彻尾的改变,但朋友都说,沐芝芝像换了个人。

4. 那声音仿佛穿透了岁月洪荒,越过了千山万水

九月份开学,沐芝芝就变成了大二的学姐,她收到很多学弟的表白和邀约,依旧会不自觉地红了脸颊,然后礼貌地拒绝。

平安夜的傍晚,沐芝芝接到一个电话,陌生的归属地,陌生的号码,却是熟悉得不能再熟悉的声音:"小徒

弟，下来，我在你们宿舍楼下。"那声音仿佛穿透了岁月洪荒，越过了千山万水，再低低传进沐芝芝耳里。

沐芝芝回过神来的时候就穿着拖鞋咚咚咚地跑出门，也不顾自己只穿了一套细绒睡衣。

付时锦站在不远处的梧桐树下，黑色呢子大衣让他的身形显得更加修长，骨子里透出闲适淡然，也不知他站了多久。

在她出宿舍楼的那一瞬间，仿佛有心灵感应般，他抬起头来，与她四目相对。

"小徒弟，如果你愿意原谅我，就像以前那样在原地不要动，等我走过去。"付时锦的嗓音依旧那么好听，嘴角衔着淡淡的笑意，却比以往多了认真。"对不起，过了这么久才认清自己的心。"

他也不清楚自己是什么时候开始动心的，刚开始只是单纯地觉得这小徒弟挺好玩，逗逗她开心。后来她去找他，眼底细碎的光让他的心微微震撼住。最后分别时他对沐芝芝说，他们不是一个世界的人，其实他只是莫名慌乱，用最愚笨的方式回应她。那之后他忙于考研，她联系他时他是欣喜的，却因着研究生课程匆匆挂了电话，再想回过去时她的电话早已打不通。

他一步一步走向沐芝芝，眼睛里写满了柔情。距离不到五米的时候，沐芝芝冲上去紧紧地拥抱住他，一如当初。她把头埋进付时锦的大衣里放肆地大哭，似乎要把长久的委屈和思念全部哭出来。

迟疑几秒，女生抬起头泪眼婆娑地问："你女友呢？"

"分了，你对我表白后就分了，心太小装不下其他人。"

"那……那你现在……"

付时锦把藏在口袋里的研究生报名表拿到她眼前晃了晃，浅浅地扬起嘴角："明年夏天，做你学长怎么样？"

沐芝芝飞速地收回眼泪，狠狠抓住付时锦的手："不许反悔！"

对于爱情，她从来都是凛冽果敢，先爱上，那她就主动向前走，等得急，那就换她跑过去。

她是幸运的，兜兜转转一圈，付时锦转身向她走来，她也还在原地。虽然迟了些，但是有什么关系呢，幸福晚一点点来又不会死人。

错过的礼物

小妖寂寂

高中的时候，我们在学校用的餐具是自备的饭盒。食堂设有餐具清洗处，一长排的水龙头上方是安装在墙上的供学生摆放饭盒的格子。我就是在那些木格子前面看到他的。

那天是我十六岁生日，因此我早早到了食堂打饭，准备给自己加菜庆祝。正要走过去取饭盒时，一抬头，我就看见了迎面的他。阳光从高高的窗户跑进来，洒到他的身上，他像一尊从天而降的神，周身闪闪发光。那个画面对我而言，是一份无与伦比的生日礼物。我情不自禁地低下头去，掩着嘴，偷偷地笑了。

从此我迷上了餐具清洗池前洗洁精柠檬味的清新。尽管对男生的名字、班级、年级我都无从知晓，但我觉得只要能看他一眼也是极好的。

只要够用心，偶遇也是可以制造的。刚开始那会儿，我只能偶尔地在食堂看见他，他一个人安静地站在水龙头前清洗饭盒，认真的样子很温暖。后来，我渐渐摸清他的日常活动习惯和时间，于是在图书馆里，在艺术楼下，在主校道上，在操场边……我的目光总能寻觅到他的身影。而在这些追随的日子里，他逐渐长成了我的心事，没有人知道，我的心里开始了一场与爱情有关的奇妙旅程。

我发现，只要能看到他一眼，我一整天都能充盈着细密的欢喜，但如果一天没见他，失落感就会无情地将我湮没。后来有一天，我从自己的饭盒里摸出张纸条：你好，请问我能认识你吗？那字迹潇洒飘逸，好看得让我心里微微一动，但我还是无声地把这张留了串手机号码的纸条扔进了垃圾篓里。我想我的心里已经有了他，就要为了他拒绝一切的诱惑。我怀抱着憧憬，相信终会有一天，就在飘着柠檬清新香气的食堂一隅，又或者在校园的某个角落，他会忽然转过身来温柔地对我说：你好。

但那个会写好看字体的男生就是不放弃，他又给我的饭盒塞纸条，约我周末去爬山。他说爬到山顶上去看云，美得会让人有置身天堂的感觉。我一边把纸条扔掉一边在心里想，真不巧，我最讨厌爬山。

那个男生沉默了几天，又给我写来纸条，说要不去广场放风筝吧，看风筝在天上飞，心也会像鸟儿一样自由自在，而且呼啦啦吹着的风，能够把一切烦恼都吹散。我再没好气，甚至有些厌烦，于是我干脆给自己的饭盒换了个存放的格子。自那以后，陌生的纸条再也不会给我已住进了一个阳光少年的心带来任何的打扰。

新学期，重新调整了班级。我的同桌是一个长相可爱的女孩儿，飞快地熟络了起来后，我们约着周末一起逛街。然后就在我们约定的地点，我看见了那个我每天写进日记的男生，阳光照在他的身上，他依旧金光闪闪，只是他的手里牵着的却是我同桌纤细的手。

于是和同桌的第一次约会，我随便找了个理由落荒而逃。

后来我问她，你们怎么认识的？同桌说，说起来还真是个神奇的过程。他原本喜欢的是另一个女生，可他给那个女生饭盒塞小纸条，那个冷傲的女生始终没有回复他，甚至还悄悄调换了自己饭盒的存放处，结果阴差阳错的，后来他的纸条塞进了她的饭盒。

我强装的笑，再也挂不住，眼睛里潮湿得像下了一场雨。原来，竟是我的固执与决绝，残忍地推开了这份原本上天要送给我的礼物。我转过身去闭上眼睛，泪水决堤一样涌出来，我终于为这份错过哭出了声音。

饭盒我用了好久，破损了也没像其他饭盒那样轻易扔掉，因为每当看到它，那个冥冥中无意的错过就会提醒我，有时得到与失去之间，只差一点儿耐心。

不是每一个童话都只是童话

马佳威

1

青蛙跳上正要沉没的月亮，忧伤地说："怎么办？美丽的公主就要亲吻我了。""你不想变成英俊的王子吗？"月亮不解地问。"但愿这不会真的发生，我希望它只是个荒唐的童话故事，因为我还是比较喜欢我的癞蛤蟆小女朋友。"

其实这一切就是一个荒唐的童话故事，因为能过上幸福生活的人可不仅是王子和公主，还有我们可爱的青蛙和他的小癞蛤蟆女友。

2

我已经忘了第一次见到张萌萌的场景,如果非要把这个美丽的邂逅复述一下的话,我会这样描述:那是一个天还灰蒙蒙的早晨,我的思维还没有从梦中彻底苏醒过来,沿着食堂打饭的人群流动,正当我还在梦游时,一个女生撞醒了我。明明是我的过错,那个姑娘却一个劲儿地跟我道歉。记忆里,晨光透过密密的树梢,或者还有一群白鸽从教学楼一端俯冲到食堂楼顶。我想,那个女生便是张萌萌了,那个早晨一定是这样美好的。

可事实上,这个场景或许根本没有存在过。

每一个童话的开始都有一个被完美策划的邂逅,所以第二次相遇会是这样的:那是开学之初,那时候经过文理分班,所以班级里大都是新的面孔,然而恰在这群陌生的面孔里看见了一个熟悉的身影——张萌萌。也许恰巧印证了沈从文的那句话:我看过很多地方的云,走过很多地方的桥,喝过很多地方的酒,但只爱过一个正当好年华的女子。而我们恰巧在人海里面遇见,不早也不迟。

张萌萌是极富文艺气质的女生,会在绵绵细雨中,不撑伞一个人漫步在校园;会在凌晨五点鼓励自己起来看日出;会在一片蓝得如海的天空下发会儿呆,那时候,风凉凉地吹过,把头顶的云推到了遥远的地方;她也会穿过人山人海的街市，顺手买回一束洁白的百合。

那是一个冬天的午后，我在教室走廊遇上张萌萌，那里能看见高大的树木和远方一条条的街道和屋舍。而她裹着一条长长的红色围巾，干净的头发披至双肩，很是明媚。我靠近她鬼使神差地问："你在干什么呢？"她转过身告诉我说："我在等待最后一片叶子落下。"她的回答一如既往的文艺。顺着她的目光，我看到了光秃秃的树干上的确有一片千疮百孔的树叶。

3

后来班级座位调动，我们成了前后桌，便逐渐熟络起来，我叫她"张草草"，她叫我"臭豆腐"。我时常跟张草草传纸条，所以跟张草草熟悉起来之后，我便成了她重要的小伙伴之一。

张萌萌另一个重要的小伙伴是她的同桌王静怡，虽说她的名字有一个静字，但她本人似乎跟静字完全不搭边，所以大家都叫她"王暴力"。

张萌萌笑起来很好看，像一朵盛开的白莲，单纯又明媚。每次她都喜欢在我旁边托着腮帮子，笑嘻嘻地喊我"臭豆腐"，我都不会理她，而是像个自闭症小孩儿似的一语不发，这时候她就会偷偷地绕到我身后，趁我不注意的时候，拿起笔猛戳我的脊梁骨，然后哈哈大笑起来。她是一个无时无刻不在传递阳光的女生，上课的时候偷偷看着她发呆，她转过身对我一笑，有时候看我拎着水桶拿着拖把一副很滑稽的样子，她也在一旁咯咯地笑个不停。

似乎我对她之前的认识都要被推翻，原来她并不只是看落叶挣扎的忧郁女孩儿。她真的很爱笑。

直到有一天，张萌萌突然塞给我一张纸条，纸上写着：提拉米苏，提拉米苏。

我心想张萌萌可真馋，上着课呢还想着吃，准备下了晚自习混出学校给她买。可是第二天，张萌萌消失在了我的世界里。她没有来上课，我问王暴力张萌萌有没有跟你透露她去哪里了，王暴力告诉我她在张萌萌的抽屉里发现了一张去Z市的车票，昨晚在寝室接了个电话就攥着那张车票哭了。我的心突然不安起来，我不知道去哪里找她，也不敢像小说里写的那样，义无反顾地翻出学校围墙去找她，因为我知道翻墙出去的后果就是退学。

过了几天，张萌萌回来了，只是她的眼神暗淡无光，跟那个爱笑的张萌萌完全不同，我说："张萌萌你去哪里了？"张萌萌淡淡地说："我去找一片向日葵，只是在钢筋水泥的城市里迷了路。"我气愤地说："下次不许一个人去，万一被坏人骗去卖山里面当童养媳怎么办！"张萌萌没理我，一个人走了。

那时，天空里飘过一只红色的米奇气球，随着气流向上，就像张萌萌，为了自由，义无反顾地向着远方飞去，谁也无法预测飘忽不定的未来会是怎样，可是张萌萌却丢失了米奇般的微笑。

4

晚自习结束后，我在走廊遇到张萌萌，我说："张草草，我们一起去散散步吧。"张萌萌应许了。我们绕着操场走谁也不说话。后来我打破了这个僵局，我说："草草，你想去哪里呢？"草草说："不知道，我只知道我得去北方。"我继续问："那为什么要去北方呢？喜欢一座城是因为城里住着一个你喜欢的人吧？"张萌萌说："我想站在北方大片大片的金色麦田里，穿着麻布碎花的裙子，风从远方吹过来，一阵阵的麦浪也随即向我涌来，风会把我的草帽裙子都掀起来，那样的场景一定很明媚吧。"

张萌萌说："这里的风好凉，我们回去吧。"我看见风把她的头发都吹乱了。我说："嗯，回去吧。"我看见操场的五彩灯亮了，月亮十分圆润透明，它问我："青蛙先生，你想要变成王子吗？从此你就能和公主过上幸福的生活。"

这样的日子一直持续到冬天过去，早春夜晚空旷的气息透着微凉。一天晚上我约张萌萌聊天，我们并肩穿过学校低矮的灌木丛，在人工湖的尽头，张萌萌转过身告诉我：“你回去吧，有个朋友在等我，就在那儿。”看向她指的方向，我看见一个男生，高高瘦瘦的，很是帅气。是男朋友吗？我不敢问她。

一阵又一阵的晚风从她额前经过，把她的刘海掀了又掀，就像起伏不定的麦浪，被风吹得七零八落。

那正是高年级同学晚自习结束的时候，一群又一群的人很快湮没了我们，每当这时，我都会觉得自己在拥挤的世界里逐波而流。张萌萌放慢脚步，朝我微笑。我向张萌萌挥挥手，抬头看见天边暗黄的月牙儿，让我不禁想起老舍先生的小说《月牙儿》，它被蚕食得只剩下一点点，就连最后的希冀都被风吹灭。

我朝着天大喊："这么冷！"

我似乎听见月亮说："青蛙先生，注意保暖。"

5

张萌萌开始疏远我了，我给她写的小纸条，她回复我的越来越简短了。

我不想承认某些早已存在的事实，可是总有人像是在逼我接受现实。"萌萌恋爱了。"王暴力告诉我，我惊讶地看着她。

突如其来的打击让我不知所措，我们终究得各自在人海里面流浪吗？我告诉自己我和张萌萌只是朋友啊，她恋爱了我干吗要落寞？应该祝福才对不是吗？

后来的日子，我每天都去学校的图书馆，我知道张萌萌喜欢读诗歌，喜欢坐在图书馆靠窗的位置，选一本诗集，可能是顾城的，可能是舒婷的，也或许是叶赛宁的、普希金的。所以在每一个阳光明媚的午后，我也坐在图书馆靠窗的位置，把诗集摊开，但我却不读它，而是把脸贴在这些美丽的诗句上，想更靠近它一点点，更想要靠近张萌萌一点点。

6

后来张萌萌慢慢淡出我的世界，直到有一天，我坐在教室上公选课，手机显示来电，看着老师在讲台上激情澎湃，口水四溅地讲着课，我还是毫不犹豫地接起了张萌萌的电话。手机里传来风呼啸而过的声音，她的声音还是那么熟悉。我着急地问："你在哪里？"张萌萌说："我现在在顶楼天台上。"我说："你没事吧？"她回答道："我只是想跟你说说话。"我问张萌萌在哪个楼顶，她没有说话，挂断了，我打过去，一直都是忙音。

我在第十层的楼道里看见张萌萌坐在楼梯上抱着膝盖哭，轻轻地抽泣，我似乎听见了那一刻我怦然跳动的心跳声。

张萌萌一直说："怎么办？怎么办？为什么没有人会

一直留在我身边？"我猜，她失恋了。

最后我和张萌萌爬上了二十二楼的天台，这是第一次，我从二十二楼往下望，多少感到一丝恐怖。但眺望远方，白雾萦绕着山峦，恍若一个神秘虚幻的仙境。风从远方吹来，张萌萌不禁打了一个喷嚏。她穿着单薄却宽大的衣服，然后张开双臂，风从她的袖子灌入，突然她冲我微笑："You jump, I jump。"我又气又急地冲她大吼："你疯了吗？"她咯咯地笑得像只小母鸡："放心吧，我不会做傻事。"

这时候，我们看见一只红色的气球飞向无尽的天空。张萌萌说："要是我能抓着气球逃离尘世，那该多好啊。"我笑着说："那要用多少气球才能把你拉起来啊。"我们站在护栏上看着远方，她开始轻轻哼唱，这是一段美丽的旋律。

我把衣服脱下来准备披在张萌萌身上，可是她拒绝了。

天渐渐暗下来，天际泛着惨白的光，我和她坐在天台的长椅上，雨已经停了好久了，张萌萌安静地看着灰白色的天空。

四十五度角的侧脸映着的是怎样的容颜。

我看见张萌萌的眼泪拼命往下奔涌。

我说："萌萌，不要哭了，一切都会好起来了。"

张萌萌说："还记得那张写着提拉米苏的纸条吗？"

Tiramisu最早起源于士兵上战场前，心急如焚的爱人因为没有时间烤制精美的蛋糕，只好手忙脚乱地胡乱混合了鸡蛋、可可粉、蛋糕条做成粗陋、速成的点心，再满头大汗地送到士兵的手中。她挂着汗珠，闪着泪光递上的食物虽然简单，却甘香馥郁，满怀着深深的爱意。因而提拉米苏的其中一个含义是'记住我'。那时候，我真希望你能够带我走。"

"张萌萌，让我带你走吧！"我说。

张萌萌笑了笑，然后摇了摇头说："你知道吗？有时候女孩儿需要你就像需要一顶逃生用的降落伞，那时候你不在，以后就再也不需要了。"

我苦笑着说："难道有些东西错过了，就不能够再回过头补救吗？"

"我不知道，至少我不能。"她勉强扯出一个笑，便转身离去，消失在了我的视线所能抵达的世界。

7

周四晚自习结束之后，我把写了一星期的信装进一个漂流瓶里，王暴力跑进教室气喘吁吁地拉着我说："快走吧，我们正给萌萌庆祝生日呢！"

我微笑地摇摇头说："我不去了。"

"为什么呀，张萌萌不是你好朋友吗？"

"我真的不去了。"说完把漂流瓶递给王暴力，"你把这个给萌萌。"

我就在不远处看着他们，我看见烛光照亮了每一个人的脸庞，张萌萌在吹蜡烛，烛光照亮了她的眼眸，比头顶上的星空还亮。

就在刚才，那个男生来教室找我，叫我离张萌萌远点儿。在他离开的时候，我叫住他，我说："请你好好照顾萌萌。"他回过头看了我一眼说："我会的。"

"张萌萌，我喜欢你。"在心里默念。我仿佛听见了她说："谢谢。"

我似乎又听见月亮说："青蛙先生，你错过了变成王子的机会，你永远都只能做一只可悲的青蛙了。"

张萌萌和他走在一起，张萌萌嘴角微微上扬，张萌萌的裙摆被晚风微微吹起。

我突然拼了命似的往前奔跑，我们第一天见面的场景清晰地浮现在了我的眼前，原来，这才是我们第一次见面的场景。那是在一个弧形的走廊上，张萌萌乖巧地坐在长凳上，我突然有些不好意思，不自觉冲她憨笑，她说："同学，我脸上开出花了吗？"

我远远地看见淡蓝色的裙裾在风中飞舞，连同她长长的头发，她就那样浅浅地笑着，不远处的山峦上还残留一丝霞光，与高高耸立的高压电线杆契合成一张极为流畅的相片。

"人生若只如初见，何事秋风悲画扇。"倘若这一切还能如初见那样美好，那么我们就没有那么多烦恼和悲伤了。我突然想起了顾城和谢烨在火车上邂逅，就如《初见》里他们写的那样。

我们什么都没说，我们知道这是开始而不是告别。

8

我又想起了张萌萌，想起她跟我讲街边拉二胡的老爷爷，给我讲她家的风信子开花了，给我讲她逃离这个世界的计划，我的整个世界都有张萌萌的影子。

高考结束，张萌萌去了北方，与我彻底没了联系，直到有一天我收到一个快递，拆开发现是一个漂流瓶。

我仿佛看见了张萌萌向我走来，她告诉我："曾经有一只叫张萌萌的青蛙跳上正要沉没的月亮，忧伤地说：'怎么办？美丽的王子就要亲吻我了。''你不想变成美丽的公主吗？'月亮不解地问。'但愿这不会真的发生！我希望它只是个荒唐的童话故事，因为我还是比较喜欢我的癞蛤蟆小男朋友。'"

微光世界

倩倩猪

走在青春的尾巴上想起你

8月31日。

丘小河十七岁生日的当天,我在烈阳高照下火速地赶到J市的中心医院,阮晨阳斜靠在病房门口,表情极度的懊恼。

我上前轻轻地拍了拍他的肩膀,眼里噙着泪水,声音哽咽地说:"阮晨阳,这不关你的事,我都明白的。只是,可以请你以后都不要再来看望小河了吗?"

我没有仔细去听阮晨阳的回答,就像我没有再去看他红肿的双眼一样,这个我曾经以为会在一起的男孩儿,最终还是要离开我的生活。

病房里，窗外的光线射在屋内的地板上，一条条明晃晃的线路随着微风摇摆不定。丘小河右手上挂着点滴，躺在病床上安静得像个陶瓷娃娃，长长的睫毛盖住了好看的眼睛，那是我认识他以来见过的最安静的一个表情，只是没有想到，竟然会是在医院里。

医生说，伤及脑部，要留院观察一些时日。

那一年，我高二，每天除了放学后去医院看望丘小河这个习惯以外，就是喜欢在下课后安静地站在教室外面的走廊上看着操场上新生的军训。

他们唱"寒风飘飘落叶，军队是一朵绿花，亲爱的战友，你不要想家，不要想妈妈"；他们中有人中暑晕倒；他们中有人抱怨，有人欢笑；他们在晚上的时候会坐在一起拉军歌。

这些让我在青春的尾巴上突然想起一个少年，他叫阮晨阳，无关爱，无关喜欢，只有关"好感"这一词的延伸。

时光逆流，我好像回到了刚升初中的时候。第一次注意到阮晨阳也是在军训时，那天的太阳特别火辣，我们班因为老有同学乱动所以集体被罚站军姿，其他班大多已经到阴凉的树下休息去了。

汗水顺着脑门延伸，一点点腐蚀了我们的耐心，很多男生都已经开始坚持不住，蠢蠢欲动，那时我站在阮晨阳的斜后方，心里气急败坏地诅咒着教官，一眼望去只有他直挺挺地站在队伍里一动不动，我好奇怎么会有一个男生这么强。

教官后来一定是良心发现了，拿起挂在脖子上的口哨一吹："同学们，下不为例。好，现在我们解散。"

话音刚落，整齐的长方形队伍还没有来得及解散，一个身影保持军姿姿势直刷刷地往后倒下，那人便是阮晨阳。响亮的一声，头先着地，教官可能也被我们这群娇生惯养的学生吓到了，发布号令说："同学们，你们中要有谁不舒服的自己说，可以休息一下。"

然后一大帮男生像抬尸体似的把阮晨阳抬进了医务室，那时的阮晨阳长得的确好看，所以旁边跟了一些凑热闹的女生。

半个小时后，军训继续，我心急如焚，不知道阮晨阳现在什么状况，向教官请了假，以不舒服的名义去了医务室。

刚进医务室的门就听到了阮晨阳爽朗的笑声，医务室阿姨讲着冷笑话，我尴尬地问道："阿姨，请问有没有清凉油？"

"有。"阿姨在医柜里找到了递给我，我掏了钱准备闪人。

"等一下，与其去站军姿还不如待在这里一起聊天吧。"阮晨阳就是在这个时候开口的，他声音淡淡的，像是天空中五彩棉花糖一样甜美，其实我想说的是，真的给人很舒服的感觉。

"嗯,也对。"我折回来坐在阮晨阳的旁边,心里笑开了花。

以你为圆周中心点所波及的范围

军训一周的时间,我基本上待在了医务室,阮晨阳由于贫血的缘故,我多了个伴可以一起逃掉军训。

短短的七天,在其他同学和教官建立起深厚友谊的同时,我和阮晨阳也建立了一种特殊的情谊。

正式开学的那天,天空下起了淅沥沥的小雨,班主任小张老师穿着利落的黑白职业装进了初一(7)班的教室。她戴着大大的黑框眼镜,手持一根讲棒,站在讲台上俨然一副老教师的姿态。

小张老师,原名张惜春,英语专业大学本科毕业两年,现任德尚中学初一(7)班班主任。

接着小张老师让我们大家挨个上讲台做自我介绍。第一个上去的是一个男生,长得眉清目秀的,和阮晨阳比起来内敛一些,穿着黑色的短袖配上他本来就很瘦的衣架身材显得气质很好。他的自我介绍是这样的:"大家好,我叫苏启帆,你们可以叫我启帆。我来自湖北襄阳,你们知道襄阳吗?"

台下众人摇头,苏启帆继续道:"襄阳是历史文化名城,那里有一个漂亮的地方叫作古隆中,你们有人知道古隆中吗?"

众人继续摇头,下面有没耐心的男生叫嚷快讲快讲,连小张老师也兴致勃勃地看着台上的苏启帆,等待他的下文。苏启帆停顿了一下卖了个关子,"不知道古隆中也没关系,你们一定听说过刘备三顾茅庐吧,那茅庐就是了。"

哦,当时的我这才明白,原来诸葛亮住的地方叫古隆中呀。

苏启帆的自我介绍博得了台下一片掌声,我也跟着拍手,眼睛随着苏启帆的方向我看到了坐在第四组的阮晨阳,他穿着白色的短袖坐在位置上,不动声色地转着手里的中性笔,仿佛接下来的事情与他无关似的。

我坐在第一组第一排靠里面的位置,头一转基本上班上的情况一览无遗,大家都在下面准备着上去可能用上的台词。那时的我不太喜欢表现自己,想的台词也是最简单的,"大家好,我叫路祈稀,以后请多多关照。"

阮晨阳是最后一个上去的,说实话,对于他的自我介绍我是期待的,那么阳光灿烂的一少年,换谁不心动一下。更何况,我们这军训情谊也不是白建立的,作为"战友"关注一下捧个人气还是可以的。

当阮晨阳像个王子似的站在讲台上做自我介绍的时候,我才知道,有些人是那种一生出来就注定被世人瞩目的璀璨星光，就像阮晨阳。他还没有开口，台下女生一片哗然，有些男生也会不服气地唏嘘一番。

"嗨，大家好，我叫阮晨阳。鄙人英语不好，但数学总是第一。鄙人有两个爱好：一是打打乒乓球，梦想是进国家队；二是唱歌还可以，梦想是可以像我一个远房亲戚阮经天那样站在舞台上给所有人唱歌。下面，我给大家带来一首周杰伦的《东风破》，希望大家喜欢。"此去经年，我一直记得那天阮晨阳自我介绍的每一个字，像是初恋一样记录在我的生命里。

"谁在用琵琶弹奏一曲东风破，岁月在墙上剥落看见小时候，犹记得那年我们都还很年幼，而如今琴声幽幽我的等候你没听过……"

每每在音响店、空间音乐，或者是手机铃声里听到这首歌，我都会情不自禁地想起阮晨阳。他的歌声婉转哀怨，让我听着有身临其境的感觉，以致在很长一段时间里忘记了这首歌的原唱竟然是周杰伦。

如果说那天苏启帆的表现博得满堂彩，那么阮晨阳的表现堪称一绝，并且一下子在初一（7）班这个小家庭里站稳了位置，几乎得到了所有人的青睐。

第一次，我身体里一个叫虚荣心的东西像气球一样膨胀，我觉得能和阮晨阳这样的男生熟识并建立起友谊是一个值得骄傲的资本。

贱男自有高人磨

时光飞逝，一转眼一个月过去了，在我还没有和全班同学混熟的情况下，小张老师给班上的同学们的位置来了个大挪移。虽然我和阮晨阳的距离拉近了一点儿，但还是隔着个组，我原位不动，他被调到了第三组第一排，而苏启帆则被调到了我的后面，第一组第二排。

苏启帆不知道为什么总喜欢上课踢我椅子，或者是有事没事拔开笔套转笔。他转笔的技术极烂，所以总会"不小心"把笔芯涂在我干净的衣服上，为此，我们争吵不断。

上课碍于老师我总是不动声色，一下课我就和苏启帆争论不休，每每这时阮晨阳总会一脸愤恨地走过来，把手搭在苏启帆的肩膀上，特小人地说："启帆，女人和小人难养也，你就大人不计小人过原谅我们家的路祈稀吧。"

我一听气得七窍生烟，他到底弄清楚状况没呀？可是苏启帆上课光明正大地欺负我耶，我下课报仇为时已晚，还来个程咬金半路倒打一耙，你说我冤不？

"喂，阮晨阳，你没搞清楚状况请闭上你的乌鸦嘴。"我想想觉得还不够呛他，又补上一句，"还有，这是我和苏启帆之间的恩怨，和你有半毛钱的关系没？"

"当然有呀，我们可是有军训情谊的。更何况，启帆也算是我的兄弟不是？"阮晨阳说到这儿，给了苏启帆一个眼色，苏启帆乖乖地点了头，阮晨阳继续得意地说道，"我可是不允许我们之间出现内讧的。"

"你……"卑鄙无耻下流的阮晨阳，你不去当律师真是浪费了你那张嘴，和你争论，那我不是自取其辱？

蓝小璇是我的同桌，在一次次见证苏启帆上课骚扰我阮晨阳下课帮腔的行径之后，她英勇地站了起来批判了两人的罪行。

"你们两人有完没完呀，天天欺负个弱女子算什么？有本事下个月的篮球比赛拿到年级总冠军呀。"

阮晨阳和苏启帆事后和我讲，当时他们两个还真被蓝小璇那气势吓到，你说一个女生怎么可以有那么大的肺活量呢？

我笑，贱男自有高人磨。

我看到的永远是一个努力着的你

无论是在生活上还是学习上，我看见的阮晨阳都是朝气蓬勃的，他总是很努力地靠近自己的梦想。

距离下个月的篮球比赛还有二十天，篮球场因为有各班男生练习打球而热闹非凡，我和蓝小璇也几乎每天前去陪练，四个人中午不回家，在外面吃着简单的蛋炒饭。

天空蓝得出奇，一朵朵白云像冲浪似的在空中打着水漂，校园里的树木长得十分茂盛，浓绿的树叶衬托着黄白相间的树干，知了趴在树干上叫个不停。

饭后，我和蓝小璇简单地收拾了下石椅上的垃圾，阮晨阳和苏启帆开始进入练习的状态。为了避免两人分心，我和蓝小璇一致决定，我们就安静地坐在远处观望，不加油不打气。

那时的我和蓝小璇总有聊不完的话题，从学习聊到生活，从杂志聊到娱乐，从苏启帆聊到阮晨阳。我的眼睛像雷达一样很快地锁定在篮球场中的阮晨阳，他站在离篮筐三米远的地方练习远距离投篮，总是不中，我看到眼睛发酸的时候他进了第一个球。

那么远的距离，我还是清楚地看到阮晨阳得意的笑容，他抱着苏启帆的脑袋大呼"我投中了"。然后苏启帆用拳头轻轻地打了阮晨阳的肩膀，"好样的，兄弟，继续练习。"

我还看见阮晨阳投中第二个球、第三个球，他在转身看见我们有在看他时，总会朝着我们挥手，指着篮筐的方向做了一个大大的胜利手势。

最终结果，我们班级如愿以偿拿到了篮球比赛的年级第一，让人大冒冷汗的是最后一场比赛以五十一比五十的成绩取胜，虚惊一场。

篮球赛刚刚告一段落，月考的成绩已经出来了。照例星期三的下午第三节课是班会时间，小张老师抱着英语试卷和每科的成绩单进了教室，热闹的教室一下子安静下来，连空气里都是不安的分子在雀跃。

有人欢喜有人愁，第一次月考的成绩总的来说，我们初一（7）班还是不错的，排在年级第二。我的每科成绩都差不多，徘徊在八十分的边缘，算不上优等生也差不到哪去。

可阮晨阳的成绩似乎有点儿玄乎，小张老师重点讲了他个人的问题：数学满分，英语不及格，其他成绩均九十分以上。毕竟是我们班主任的课，怎么看似乎都有点儿说不过去，年级排前十班上排前三的阮晨阳同学竟然英语不及格，是该好好反省反省。

之后在半年的时间里，我发现阮晨阳变了，每天早上来教室的时候眼睛都有黑眼圈，据他自己所讲，昨晚又熬夜了。熬夜干吗了？学习英语呗。

阮晨阳不但放弃了上网的时间熬夜背英语课文，还主动和小张老师申请当我们班的英语课代表，除了收作业以外还兼顾了检查同学背书的任务。

直至初一结束的期末考试，阮晨阳的英语如愿以偿地拿到了八十五分，他说这还不够，还应该有提升的空间。他还说："路祈稀，这半年来我都没怎么和你们在一起玩了，有想我吗？"

由一根红绳引发的单车事件

暑假过后，我们升了初二，除了班级没变以外，很多事物发生了改变。比如说：教室比上一年多上了一层楼，班主任换成了一个教数学的年轻小伙子，教学楼后面还盖好了一座单车停放场。

还有我们的位置也发生了变化，整个教室分为三大组，每组七排，每排三个人，并且是两男一女或者两女一男坐一排。

这是我们的新班主任沈老大的新思想，他上课第一天就说过："我和你们以往的老师可能会有所不同，希望你们可以喜欢这样的我。"

我突然对这么个老师产生了一点儿兴趣，的确够新，很符合我们学生的思想世界。真正打心底感谢沈老大是从他换了位置之后，我坐在第一组的第二排，左边是苏启帆，右边是阮晨阳。

这下，可把我高兴坏了，阮晨阳就在我的右手边。

我四周环顾了一圈才发现蓝小璇哀怨的眼神，在我高兴的同时，完全忽略了她的感受，她被分在第三组的第一排，左边是墙，右边是一个班上的小胖子。

她是喜欢苏启帆的，我在篮球比赛时就看出来了的，怎么现在我却在庆幸自己可以和阮晨阳同桌呢？思前想后了半天，我们曾一起度过了那么多的快乐时光，现在是翻身的时机，我决定要帮助他们制造点儿机会。

那段时间校外刮起了一股"红绳热"，所有的大店小摊上都摆着红绳，五角钱一根，可以编手链，自己戴着好玩或者送给心仪的男生。

沈老大在放学前五分钟公布消息，这学期住得远的同学可以骑单车了，学校的停车场已经修建完成，需要报名拿车牌号的同学放学留一下。

我和蓝小璇约好放学要一起去买红绳，于是就把拿号牌的重任交给了阮晨阳和苏启帆。

五角一根的红绳，蓝小璇一口气买了十根，真可谓下了血本，我勉强拿了三根，打算自己编一条，给阮晨阳编一条，最后一根是在我实施拯救蓝小璇和苏启帆计划时用的。

在蓝小璇的红绳迟迟没有送出去之前，我的红绳也一直藏在书包的夹层里，我在等蓝小璇和苏启帆"喜结良缘"之后，把我的小心思也一并告知阮晨阳。

星期四上午最后一节体育课，终于被我等到了时机，我偷偷地撇开所有人的注意去了停车场。寻找到我们班级的位置，我费力地把苏启帆的单车和蓝小璇的单车移到了一起，然后掏出口袋里的最后一根红绳，紧紧地把两辆单车的后座绑在了一起。

等到中午放学后，我和蓝小璇一起去停车场取单车，我还在心里偷笑，可以给她一个大大的惊喜。然后我们同时看到，苏启帆站在停车的位置，脸上是阴森森的表情，拳头握得很紧，阮晨阳在一边劝他别生气了。

　　我一想，糟了，不会是玩得有点儿过了吧？心虚地走过去拍拍苏启帆的肩膀，半开玩笑地说："嘿，我们的大帅哥怎么了？"

　　"是不是你绑的？"苏启帆直接忽视我的存在，一脸乌黑地看着我身后的蓝小璇，我看着蓝小璇委屈得都快哭了，眼泪不停地在眼眶打转，我气得死命地推了苏启帆一下，"你这人怎么回事呀？人家蓝小璇喜欢你，你看不出来呀？"

　　"我不需要。"苏启帆一脚把绑在一起的两辆单车踢翻在地，脸上是我没有见过的哀伤，"谁有剪刀，我还得回家呢。"

　　"对不起，苏启帆，绳子是我绑的。你有什么火冲我发行吗？"我话一出口，其他三个人通通错愕地盯着我看，似乎都想不明白我怎么会干出这么愚蠢的事情来吧。

　　苏启帆怎么可以说生气就生气呢？他有没有想过蓝小璇的感受？

沙滩之行，我们遗失了谁

　　第二天早上，当我赶到班上的时候，沈老大已经站在讲台上开始上课了。我打了报告进去，看见蓝小璇今天没有来学校，我有点儿担心地回到了自己的座位，苏启帆基本上不愿意搭理我了。

阮晨阳在沈老大的课上还算是比较听话的，不敢跟我说话，所以只好传了张纸条过来，他写着寥寥的几个字：苏启帆有喜欢的女生，你就不要凑热闹了。

怪不得苏启帆那么生气，换作是我的话，如果不是自己喜欢的人，一定也会生气的吧。可一个男生怎么可以这么没有风度，就算不喜欢，至少曾经也是朋友吧。

我撇了撇嘴，打算主动和解，拽了下苏启帆的胳膊，轻声细语地说："对不起啦，昨天都怪我不好，但是蓝小璇她喜欢你又没有错吧？"

"她没错，错的是我。"苏启帆眼睛盯着黑板，语气里还是压抑着一股怒气，阮晨阳在一边看得无奈，补了句："其实他喜欢……"

"我是喜欢叶雨歌怎么样？"苏启帆迅速地接过阮晨阳的话，我注意到了阮晨阳当时异样的表情，眼里的惊讶绝不亚于我。

叶雨歌，隔壁班的班花，长得好看，成绩优秀，运动会还拿过短跑第一。原来，苏启帆这个小男生的心思如此缜密，和他认识了一年多竟然没有发现他对蓝小璇是没有感觉的。

放学后，我心急如焚地去找蓝小璇，我看着她穿着睡衣懒散地打开门,头发乱七八糟的,眼睛红红的还挂着黑眼圈。

我张了张嘴,却不知如何开口,蓝小璇眼泪啪啪地掉:"你知道吗?他把我送的红绳丢进了垃圾桶,他说他喜欢叶雨歌,让我不要自作多情。"

蓝小璇还说:"我现在不想看到你,是你让我变得这么不堪的,你让我一个人安静一下可以吗?"然后门狠狠地关上了,那一瞬间,我的心也跟着跌入了深深的谷底。

周末,阮晨阳组织了一次沙滩之行。蓝小璇没有来,而苏启帆带来了叶雨歌,我怎么都猜不到,我会在那天永远地失去阮晨阳。

蓝天白云,倒映在海水里波光粼粼的一片,我们四个各怀心事的人组合在一起本就怪怪的,穿着泳装在水边嬉戏打闹,佯装着一场虚幻的幸福时光。

蓝小璇不在,我总觉得少了点儿什么。

晚上的时候,我们约好一起去吃串串烧,一桌子的烧烤,我兴奋得像个孩子。苏启帆坐在一边嘀咕:"阮晨阳去搞什么呀?都这么久了饮料还没有买回来。"

"是啊。"我突然想起叶雨歌是跟着阮晨阳一起的,心里莫名地有些担心,借口和苏启帆说是去上厕所,我偷偷地跑出了烧烤店。

华灯初上,茫茫人海里,我左转右转地找到了最近的一家超市。阮晨阳站在一处路灯下,含情脉脉地拉着叶雨歌的手说："我喜欢你，做我女朋友可以吗？"

我看见叶雨歌羞涩地低下了头算是默认，阮晨阳把她紧紧地抱在怀里，两人幸福地依偎在一起。我的心突然狠狠地疼了起来，掏出口袋里用红绳编成的手链，顺手把它丢进了一个垃圾桶，就像丢掉了我和阮晨阳在一起的所有时光。

那些满满装着我们回忆的光圈开始一点点缩小，直至最后变成天际的一缕微光，阮晨阳就此在我的生命里渐行渐远。

再去教室的时候，我把自己的桌子挪到了最后一排，从此以后，再也没有和阮晨阳说过一句话。我偶尔看着苏启帆对着我欲言又止的样子会想，如果阮晨阳肯来找我一次，哪怕多么牵强的解释，我都愿意去相信。

可是，阮晨阳真的一次都没有找过我，或许，我只不过是他众多朋友中的一个，璀璨如他，我只是那一颗最不起眼的星。

阮晨阳在初三那年转学了，走的时候只有苏启帆去送他。我们依然在一个市里上着不一样的学校，只是再也没有机会遇到。

微光照不亮整个的世界

中考结束，听说蓝小璇去上了护校，听说苏启帆考上了市一中，听说叶雨歌根本没有和阮晨阳在一起过。至于那晚我所看到的一切，已经没有人给我一个好的解释，因为关于阮晨阳，我没有再听说任何消息了。

　　8月底的日子，我和爸妈搬着大包小包的东西坐上长途汽车，选择了一所私立高中，那里再也没有我认识的人。

　　我望着窗外努力地睁大眼睛，突然忆起三年前遇到阮晨阳的当天，也是这样一个阳光明媚的天气，大家忙碌地穿梭在新学校里寻找自己的班级。然后他的脑袋出现在我的视线内，他声音很好听，"喂，同学，请问下初一（7）班怎么走？"

　　阮晨阳，我轻轻地在心里默念你的名字，然后眼睛一闭，说了声再见。

　　再睁开眼的时候，一个男生站在我面前，很奇怪地盯着我笑，"喂，同学，高一（7）班怎么走？"

　　我一下子慌了神，愣愣的半天说不出一句话，盯着眼前陌生的男生发起了呆。他摸了摸脑袋，小心翼翼地开口："同学，你刚在想什么呢？想得眼泪都哗啦啦地流。要知道，我们保护地球的水资源，除了随手要关水龙头，也不应该轻易掉眼泪啊，很浪费的好不好。"

　　这个在高中一开始第一个和我说话的男生就是丘小河，一如当年的阮晨阳，让我一点一点地走进一个全新的校园生活里，有的只是满满的欢笑。

有一次，我站在篮球场外看丘小河投篮，远远的，我用手捧作喇叭状问："丘小河，你说你是不是喜欢路祈稀呀？你为什么对她那么好啊？"

丘小河停下手里的动作，篮球应声落地，他慢慢地转过身，看着我似笑非笑的样子，"丫头，你什么时候开始自作多情了？"

"哼，不是算了。"我一转身准备离开，丘小河从后面紧紧地抱住了我，在我耳边轻轻地说了一句："傻丫头，我喜欢你呀，要不干吗对你那么好。"

那一刻，我笑得眼泪都出来了，觉得自己就是全世界最幸福的人。丘小河没有阮晨阳那耀眼的光芒，他不是万人瞩目的星光，但拥有萤火虫般小小光芒的他让我有了一种很踏实的感觉。

丘小河说，自己在市一中有一个很好的哥们儿，从小一起长大的，只不过初中的时候分开了。我也曾多次和他提起过蓝小璇和苏启帆，只是关于阮晨阳，我只字未提。

直到高一结束后的那个暑假，在丘小河生日的当天他出事后，我才弄明白，他嘴里一直念叨的哥们儿原来就是阮晨阳，原来他以全市第一名的成绩进了市一中。

阮晨阳说，那天丘小河是去找他一起来参加生日聚会的，因为时间赶得紧所以阮晨阳骑了摩托车载着小河。结果在半路上得知我就是丘小河的现任女朋友，阮晨阳说自己当时失了神，所以翻了车，小河没有戴安全帽出了事，他自己身上多处擦伤。

　　我就觉得好笑了："阮晨阳你知道我是丘小河的女朋友怎么会失神？当初是你自己要追的叶雨歌啊，难道现在你想要说其实喜欢过我吗？"

　　阮晨阳一听，恍然大悟，身体靠在医院的墙上一点点滑落，嘴角抽动了很久才慢慢开口，"原来那晚你都看到了，怪不得一年多都不肯理我，启帆告诉我你是因为他拒绝了你的告白所以想一个人坐，我竟然相信了。其实，是蓝小璇找我帮忙，希望可以以此打消启帆追叶雨歌的念头。蓝小璇是你的朋友不是吗？"

　　对于已经站在丘小河病房门口的我，真相来得太过突然，那一刻我才明白，我曾经所等待的解释都已经不再重要。重要的是自己现在所拥有的，要去好好珍惜，在踏进病房的一瞬间，我的眼泪忍不住决堤。

　　房门关上的一瞬间，我蹲在地上捂着嘴大哭，阮晨阳，终究你留在我心里的微光，照不亮我失去你的整个世界。

第124封信

清 水

1

"张泽,你去哪里?"

我走在学校的甬道上,脚踩着深秋的落叶发出"咯吱咯吱"的响声。米果就是这个时候从我身后突如其来地蹦出来,吓了我一大跳。她总是这样,神出鬼没。

"图书馆。"我大步流星,头也不回。

"那正好,我们顺路。"米果笑嘻嘻地像块牛皮糖一样黏了上来。我早就做好了心理准备,无论我说要去什么地方,那小妮子一定会说"那正好,我们顺路"。

虽然心中颇为无奈,但我还是放任她坐到了我旁边的位子,近在咫尺。她看她的言情小说,我研究我的高等数学,井水不犯河水。

过了一会儿我忽然觉着不对劲,回头再看,米果竟然趴在桌子上睡着了。脑袋下枕着那本言情小说,口水将花花绿绿的封面打湿一大片。她八成是梦见了小说里的白马王子,正在发花痴。

我对着米果甚是不雅的睡相发了一会儿呆,从书包里掏出一沓信纸。

那信纸是我从小商品批发市场淘来的,白色小碎花图案,上面还残留着淡淡的水果香味。她最喜欢这样精致的小东西。

我一笔一画地在上面写下"安馨"这个名字,便再也无从下笔。

"给谁写信呢?"米果不知道什么时候醒来。我慌乱地把东西全部收进书包里,不做任何解释。米果伸了个懒腰,瞟一眼外面已经昏暗下去的天色,转过头来对我笑,"张泽,我听说学校对面新开了一家火锅店,味道很不错。"

我不由自主地摸了一下自己的钱包,估摸着被米果宰完这一顿还能剩下多少钱。

回到寝室后,我像往常一样将那个蓝色的信封丢进抽屉里。关上,落锁。

"带有水果香味的碎花白色信纸,再搭配上蓝色的信封。如果有人送这样的情书给我,我一定答应做他女朋友。"

安馨曾经这样说过。

从她离开那天开始计算,一天一封,现在抽屉里已经整整齐齐码放了七十三封。

2

一模考试结束,我的成绩稳稳排在年级前五,而米果却跌出了五十名之外。

我打趣米果:"看吧!这就是不好好读书就抱着言情小说做白日梦的后果。"

米果咬牙切齿道:"是是是,都像您老一样淹死在题海里就万事大吉了!"说着却又垮下一张脸,"怎么办呀?照我现在的成绩肯定考不上S大。"

我不解:"你干吗非要考S大不可呢?"

"那你又干吗非去H大不可呢?"

我瞪着米果,米果亦瞪着我。于是我俩都沉默了。

去年的高考,我与H大的录取分数线只差了三分。我当时吃了秤砣铁了心非H大不上,哪怕是要重新复读一年。于是便来了这所离家偏远的高中,在这里遇上米果。

米果是应届生,却整日嬉皮笑脸一副不知天高地厚的样子。她看不惯我没事总是拿着本书一副学习机器的样子,便成天像只苍蝇一样围着我打转。我视她于无形。但米果学习成绩不差，偶尔我们会就某个问题切磋一番。切磋到最后，米果总会指着我的鼻子骂一句："张泽，你简直是无情无耻无理取闹！"每当这个时候就是米果说不过我的表现，我看着她扬长而去的身影，只能摇头叹气苦笑。

S大与H大是两所著名的大学，一南一北。米果喜欢南方，小妮子满脑子浪漫主义情怀，在听说S大的校园里栽种了满院的樱花后更是一心向往之，十指交叉托住下巴幻想着和恋人在樱花纷落中手牵手散步的浪漫。我朝天翻个白眼，她这是被言情小说女主角上身了吧？

那天过后没两天，米果突然抱着一大摞书来请我为她补习数学。米果各科成绩都不错，唯独数学拖了她的后腿。

"我看见那群阿拉伯数字就头大。"米果摊手做无可奈何状。

我故作深沉地推了推架在鼻梁上的黑框眼镜，"我可是要收学费的。"

"行，行，你说什么都行。咱们赶紧的吧！"

可怜到最后我终究是没能从米果身上榨出任何好处，就连当初请她吃火锅的那顿饭钱都没捞回来。

3

我仍然在给安馨写信。装了满满一个抽屉。下第一场雪的时候我数了数已经有一百多封了,可我一封都没有寄出去。

准确地说,是不敢。

米果看着我说:"让我来猜猜你一定要去H大的原因吧?"

我笑道:"哟!你什么时候学会读心术了?"

米果不理我,径直说下去:"H大里有一个对你很重要的人,对吗?"

我挑挑眉,看着米果一副了然的样子。

"沉默便代表着默认,她是个女生吧?"米果促狭一笑,"而且是一个你喜欢的女生。但是你不敢告诉她你喜欢她,单相思,对吧?"

我死盯着米果,"你怎么知道的?"

小妮子撇撇嘴,"还真是这样啊!俗,真俗!"

我瞪了米果一眼,"我就是一俗人,那又怎么了?"说罢转身就走。

米果好像在身后喃喃了一句什么,被风吹散了。然后她追上来,"喂,别走啊!你不是答应借我那本《高等数学》吗?"

"哦，在宿舍呢！你等着，我去给你拿。"

楼梯才刚上了一半我就被寝室的兄弟给轰了下来。室长过生日非要请大家去撮一顿。我正要拒绝，米果说话了："算了，你把钥匙给我，我自己去找，你跟他们出去玩吧！"

我犹豫着，米果一把把钥匙从我手中夺过去："怎么！你还怕我图谋不轨，把你们宿舍洗劫了不成！"

大家哄笑着说"哪能啊！"便簇拥着迈出了校门。

但那天晚上回来后看着满屋子的狼藉，大家都傻眼了。

4

当然不是米果，宿舍里是真的被洗劫了。室长上个月新买的手机，小三的MP4，包括小六子穿臭了的那双耐克球鞋，但凡值点儿钱的东西，统统不见了踪影。

米果问我："你没丢什么东西吧？"我说："没有，值钱的东西我都随身带着呢！"米果笑笑，"那你可得小心点儿，别哪天把自己丢了。"

我看着米果，心里一时有点儿不是滋味。想问点儿什么，终究还是没有问出口。

其实我也是丢了东西的，那上了锁的抽屉，自我回来后，便空无一物了。

丢了吧！丢了也好，就当是没了这个念想。

那我这执着的一年，又算是为了什么呢？

5

圣诞元旦庆双节。我好久没见米果，但我一见她便知道准没好事。

"张泽，我们班举行圣诞舞会，你也来吧！打扮的帅一点儿哦！"米果甩下一套衣服，没允许我说一个不字，走了。

都高三了还要开什么舞会，真不知道他们究竟有没有将高考放在眼里。

我挺直了身子在镜子前面左照右照，又情不自禁地理了理头发。小妮子神通广大，连我衣服的尺码都知道。她的眼光很不错，这套衣服衬得我一个普通的人都多了几分帅气。

"泽子你还真要去呀！你不是不喜欢热闹的场合吗？"

"嘿！米果小姐发话，泽哥哪敢不从！"小三在一旁搭腔，合起伙来打趣我。

我对这帮不讲义气的家伙一点儿办法都没有，只能装作没听见，整理好衣服，昂首阔步迈向米果他们班。

米果那天穿得很淑女。一身月白色的小礼服，头发还用发带高高地挽成一个髻。只是一见我进门就恶狼扑食一般扑向我的动作充分暴露了她的粗鲁本性。

她拖着我去跳舞。两个舞蹈白痴碰到一起的后果便是我踩了米果十七脚,她踩了我二十八脚,其中有二十脚都是她故意的。

"张泽你看,我们两个多般配啊!"

米果清澈的眼眸中映出我的倒影,傻呵呵地笑着,我没有给她任何回应。

般配吗?确实,就像童话里的王子与公主。

周围的人都带着七分暧昧三分羡慕的眼光看我和米果共舞,只有一位老兄瞪着通红的眼睛,杀气腾腾地盯着我。

我不动声色地转移话题问:"他是怎么了?"米果漫不经心地说了一句:"是嫉妒吧!"

回头再看那位老兄,十分的怒气已经转化为了二十分的哀怨,显然是听见了米果刚才的话。

"你不喜欢他啊?他看起来好像对你痴心一片。"我说完这句话后米果的脸色一下变得铁青。她在我面前站定,一字一句道:"张泽你明知故问。"

我说:"我怎么就明知故问了啊?我说的是事实……"后面那一句话被米果堵在了口腔里,等我反应过来的时候,米果已经毫不犹豫地亲上了我的唇,并且丝毫没有放手的意思。

周围静了三秒,吸气声与口哨声一起响起。正对着我的那位老兄已是面如白雪。下一刻,我却是在众目睽睽之中夺门而出。

大庭广众之下,我就这样被米果"非礼"了,而且还很没出息地逃之夭夭了。

6

门开了又合,我听见米果追在身后道歉的声音。

"张泽,你别走啊。你生气了吗?我向你道歉还不成嘛!"

生气!我当然生气!可我却不知道我到底是在气米果还是气我自己,只好头也不回地向前走。但走了两步后我不得不回头。

米果摔倒了。虽然不知道她是真摔还是假摔,膝盖却是真真切切地破了,白色的裙子染上一片殷红。

大冬天的,她就穿着这么单薄的衣服追出来,委屈地坐在冰冷的地上,我看着都有些心疼了。我把外套脱下来披到了她身上,然后背起了她往宿舍走。一路上米果都是安安静静的,手臂用力地缠着我的脖子。小妮子亲昵地将脸颊贴到我的颈窝处,直到我觉得那里凉飕飕的,潮湿一片。

米果说:"张泽,我知道你喜欢安馨。"

我叹一口气。那些信，果然是米果拿的。

米果吸了吸鼻子，声音响在我耳边："我不会把信还给你的，我已经……张泽，我喜欢你，所以我要追你，我是不会轻易放弃的！"

米果的声音不大，但每句话都是掷地有声。我突然没有办法去责怪她。

喜欢一个人，有什么错呢？

7

那之后米果恨不得二十四小时都黏在我身边。除了上课、上厕所、睡觉之外，我走到哪里，米果就跟到哪里。而我只是一头扎在题海里，全当对米果视而不见，听而不闻。

大家都说米果是为爱疯狂，于是我便成了薄情寡义之人。

就连老师也找我们谈话，说着早恋影响身心健康，重心应该放在学习上之类的话。我很想反驳，说我和米果什么都没有，也根本不会有什么。目光朝她看过去，却同时撞上了米果瞄过来的视线，四目相对，如此的心有灵犀，连我自己都有点儿心虚了。

"老师！"方才还蔫头耷脑的米果瞬间变了个人，"我们是不会影响学习的！张泽成绩比我好，他肯定会帮我的！我们在一起还可以相互促进啊！以后肯定会一起考上S大的！"

好一个冠冕堂皇的理由。

我想我当时的脸色一定很难看，比老师的脸色还要难看。

从办公室里出来，米果就缠上来挎住了我的胳膊。她聒噪着："张泽张泽，跟我一起考S大好不好？"

我真心不记得，我到底什么时候给过她这样的暗示。

我甩开了她。我说："米果，道不同不相为谋。"

一年的时间已经够久了。我也只有这么一次机会。所以高考过后，大家桥归桥，路归路，终归还是要分道扬镳的。

H大的招生简报有安馨的名字，和一个笑容阳光的男生并排在一起。她的成绩素来很好，如今更是成为H大的学生会副主席。

安馨与米果其实是完全不同类型的女生。她心思细腻，对谁都是亲切又疏离，永远是那么的恬淡闲适。

也许正是因为这点，我才会从高中入学开始就一直默默注视着安馨，却从来没有勇气对她说一句"我喜欢你"。

安馨。安馨。我在白色碎花信纸上反复写着这个名字，蓦然间发现我竟然连安馨的样貌都已经记不起了。

"张泽你别傻了行不行！"米果"啪"地将一本参考

书摔在桌上，从我手下抽出了那张信纸。"安馨她根本就不喜欢你！你还给她写信做什么？！就算你考上了H大，我保证她也会连看都懒得看你一眼！"小妮子大声地冲我吼，信纸瞬时在她手中化为纸屑。

她生气了。

其实我知道，她老早就在生我的气了，只是直到现在才彻底爆发出来而已。

只是她那样果断地说着安馨不喜欢我，让我无法接受。

所以我的拳头收在离米果鼻尖一寸的地方。我恶狠狠地瞪着她一副大义凛然的样子，骂道："我犯贱不成吗？我一厢情愿哪里轮得着你来管！你不是也成天乐颠颠地跟在我屁股后头当跟屁虫吗？你又有什么资格来说我！你知不知道你自己有多讨厌！"

我口不择言。说罢我也不看图书馆内呆滞的众人和米果一刹那褪尽血色的面孔，重重地把门摔在身后。

8

我问过米果一个问题。

我说："既然你这么喜欢我，为什么不报H大？"

米果呆呆地看了我好一会儿，扁起了嘴，给了我一个不算理由的理由。

"H大没有樱花……"

我瞬间哭笑不得。

所以其实在她的心里，樱花的分量根本是超过我的吧。

"你知道吗？我最大的愿望就是能和自己喜欢的人手牵手漫步在樱花底下啊……那种感觉，很浪漫的不是吗？"

她喜欢的人，是我。那么我喜欢的，又是谁？

我想起图书馆里她总是喜欢坐在和我并肩的座位，不看书，就喜欢歪着头看我，然后哀戚戚地晃着我的胳膊。

"张泽，张泽，你报考S大好不好……求你了。"

可怜巴巴的口气让人忍不住动容。我却冷冷地从米果手中抽走了那张粉红色的樱花展示图，毫不客气地戳破了她的美梦。

"以后少看点儿言情小说吧。"

少女眼中的光芒瞬间就暗淡了下去。

我知道我伤了她的心，一次又一次。我果然是个薄情寡义的人。

9

晚上的雪下得很大。米果已经在我宿舍楼下站了将近三个小时。

宿舍里的人一遍一遍地提醒我，她在等我。小三也站在窗户边露出忧郁的目光，"泽哥，她都快变成雪人了，你真不下去看看？"

我不耐烦地把抽屉拉开又合上，发出好大的声响。

那里面至今仍是空无一物。米果撕掉的是我最后一张信纸，事实上那一百二十三封信丢了之后，我便再也没有给安馨写过信。

塞上耳机佯装听英语，我却根本不知道里面叽里呱啦讲了些什么。模糊中只听见小三喊了一句："呀！米果晕倒了！"

几乎没过脑子，身体就下意识地做出了反应。可惜等我冲出宿舍楼，却晚了一步。

我透过医务室的窗户看着米果在病床上冻得瑟瑟发抖的模样，看着那位在舞会上对我横眉冷对的老兄温柔关怀的模样。心里突然就觉得堵得难受。

男生瞥到了我，迅速冲出来，照着我的鼻子就是一拳。

"她那么喜欢你！你为什么要这样对她！"温热的液体落到我的嘴巴里，他的拳头又狠又重。我一声不吭地受着，觉得这是我应得的。最后男生赤红着眼睛对我吼："如果你不能好好对米果的话，干脆就让我来照顾她！"

我张着口，我想说好，我想说那就拜托你了。可是我一个字都没能说出口。

"张泽！"米果突然哭着从医务室里面跑了出来，她抓着我，帮我掩着流下来的鼻血，回身推开了那个男生，"你不要打他了！不要打他了！都是我的错！是我不对！张泽，对不起，对不起……"

直到我转身离去，还能听到米果在那里一遍又一遍地重复着那句"对不起"。

她哭得那样委屈，而我却自始至终没有给她任何安慰。

等了三个小时，就是为了跟我说一句"对不起"，米果真是傻得透彻。

她没有错。错的是我。该说对不起的也是我。

对不起。

我在心里这样对米果说，重复了一遍又一遍。

米果。米果。死心吧。你身边应该有更好的人陪伴，为了张泽这个混蛋，根本不值得。

我看着镜子中那个满脸血污颓丧至极的自己，扯出一个比哭还难看的笑容来。

10

寒假时的高中同学聚会我终究还是去了。

整个饭店的大厅都被我们包了下来。几个早到的同学占据着大厅的一角打起扑克来。我没有参与，想到一会儿可以见到安馨，心情莫名地忐忑起来。

起身去洗手间的时候，在走廊处撞到了一个人。四目相对，我们俩都愣住了。

"张、张泽，你怎么在这里？"

"这句话应该是我问你吧？"我盯着米果闪躲的视线，追问，"你跟踪我？"

"我没有！"米果的反应大得出奇，眼睛瞪得圆鼓鼓的，死咬的嘴唇都失了血色，"难道我在你心里就这么贱吗？"

我一时哑言，竟然不知道该说什么好。

我突然发觉我无法用一颗平常心对待米果。我的冷静、睿智，总是在见到这个女生时崩溃得一塌糊涂。

"对不起，是我冲动了。因为这里已经被我们同学包下来了，所以见到你一时会觉得很惊讶。"

"你……"

"我来这里见安馨。"

话语一出口，我就后悔了。

米果呆呆地看着我，随即又扯出一个无比勉强的笑容。

"你用得着跟我说这些吗？我已经没有再对你抱着幻想了啊……被一个惹人讨厌的家伙缠了这么久你一定很厌烦吧，对不起……对不起，我以后不会再出现在你眼前了……我死心了张泽，我再也不会喜欢你这个浑蛋了！"

低低的声音突然扬起来，米果发泄似的用力推了我一把，头也不回地跑出门。

为什么，我总是一次又一次地伤害她？又为什么，永远是她在向我一遍又一遍地道歉？

我的一颗心，因为米果，动荡不安。

"既然这么在意，怎么不去追呢？"

就连安馨在身后叫我的名字都没有听到。她一如既往笑得恬淡，很轻易地就戳破了我那并不怎么高明的伪装。

11

"张泽，谢谢你。"

"什么？"

"谢谢你喜欢我。"安馨突然这样对我说。

一句话，我彻底懵住。

"可惜，我们错过了。"安馨笑笑，"收到信的时候，我已经答应了和苏廷在一起了。那么多的信，你为什么不早点儿寄过来呢？晚了，就再也没有机会了……但我还是很感动，能被人这样的喜欢着也是一种幸福呢……"

于是我总算明白过来是怎么回事。米果她竟然把我写的信全数寄给了安馨。

——"我不会把信还给你的。"

——"张泽你别傻了，安馨她根本就不喜欢你！"

原来是这样。原来米果早就知道我和安馨的结局。

能被人这样喜欢着也是一种幸福，可惜张泽这个傻子一点儿都不懂得珍惜。

回到学校的时候，我看到米果和闻讯形影不离。她病过一场，瘦了许多，连笑容也少了。我不知道她和那个男生究竟是怎样的关系，只是他们相处的时候，米果总是埋首在习题里，如同当初的我。

我把抽屉拉开又合上。那里面一封粉红色的信封，信纸上铺天盖地的全是樱花。我翻出来看了一遍又一遍，永远地让它珍藏在了我的抽屉里面。

我突然开始怀念有只"苍蝇"围绕在身边的日子。

米果。米果。

你不是说，你不会轻易放弃的吗？

12

冬去春来，夏花盛开。高考报志愿的时候我没有半点儿犹豫。

我不知道米果考得怎么样，是否还是心心念念地要去种满樱花的S大。

很想再和米果见一面，只是我还没有想到用怎样的方式出现在她面前，就接到了闻讯打来的电话。

我赶到上次我们吃火锅的地方，米果情绪低落地坐在那里。

"你们……"

"我们把话说清楚了。"闻讯苦笑，"你留下吧，我走了。"

闻讯恋恋不舍地看了米果一眼，走后，便再也没有回头。

我突然有些敬佩他。

如果我也能如他这样果断坚决，早一点儿看清楚自己的心意，也许米果就不会这般的委屈。

13

米果迷茫的眼神朝我看了过来，下一秒就猛地站起了身来，推开我跌跌撞撞地朝门外跑了去。

"米果！"我眼疾手快地拽住了她。一把将她拽进了自己的怀里。

她的肩膀在轻轻颤抖，发出来的声音更是抖得厉害。

"张泽……张泽……你为什么会到这里来呢？我这副样子是不是很可笑……对不起，对不起……我又让你看笑话了……你回去吧，我只是想一个人静一静……"

米果挣扎着想从我的怀里逃脱出去。她胡乱地抹了一把脸，语无伦次，"你考上H大了是不是……恭喜你……

恭喜……"

"米果，"我有些心疼地圈住面前这个言不由衷的女孩儿，我说，"米果，我报考的是S大。"

仿佛听到了什么难以置信的传闻一样，米果的眼睛又瞪圆了。她用一种快要哭出来的声音，指着我的鼻尖骂："张泽！你简直就是无情无耻无理取闹！"

"对，我就是无情无耻无理取闹。"我握住了米果的手说，"谁让我喜欢上你了呢？"

14

我背着米果回家。

"米果，我是真的喜欢你。"

"张泽，我讨厌你。"

"米果，我们重新开始好了。"

"张泽，我讨厌你。"

"就算你讨厌我也没有关系，我是不会轻易放弃的。"

我想起圣诞节那天我也是这样背着米果。她趴在我的背上坚定地说着我不会轻易放弃的。如今却换成了我来说这句话。

米果不再回我。颈窝处又是凉飕飕的一片。

安馨说得对，晚了，就再也没有机会了。

有些人，有些事，我已经错过了一次，绝不能再错过第二次。

幸好现在还不晚。

我曾经被人那样的喜欢着，现在，换我将米果重新追回来。

"可是……"少女趴在我肩上低声抽噎，"可是我报考的是H大啊——！"

15

我是米果。

高中未完成，我的生命中出现了一个名为张泽的男生。

他是个很好的男生，笑起来会露出一排白白的牙齿。他话不多，也很少跟人生气。他很聪明，智商肯定有180。但我觉得他的情商肯定是负数。

第一次见他，他很专注地捧着一本教参书，然后"咣当"撞上了校园里的电线杆子。我在一旁笑得欢快，结果被他完全当成了空气。

他真的是一个很神奇的人。

他一心想要考取H大，因为那里有他心心念念的女生。

他还给那个女生写信，用这种古老而又传统的方式。

很俗不是吗？我这样说过他。可是如果他俗，那我简直就是俗不可耐了。

因为我喜欢他。

虽然我也不知道这个会去撞电线杆子的书呆子究竟哪里值得我喜欢。可我还是不可救药地喜欢上了。

我拿了他的信。怎么办，我开始疯狂地嫉妒起那个被他喜欢的女生。我不知道应该怎么打败她，想来想去，我还是想要这样做。其实这更像是一场赌注不是吗？

输了，就当我是在帮他。

赢了，就当我是在帮自己。

尾　声

"……所以如果有一天，你在S大的樱花树下看到他和另外一个女生手牵手地漫步，那便一定是我取得了最后的胜利。请祝福我们。因为有一个女生，是那样，那样的，喜欢他。"

米果的信收尾至此。

粉红色的信纸映衬着女生隽秀的笔记，看得人怦然心动。她的数学真的不好，我明明只给安馨写了一百二十三封信，她却寄了一百二十四封出去。

最后所有的信都回到了我的手上。粉色的信封夹在一片水蓝中格外显眼。

我烧掉了其他，只留下了那个漂亮的粉红色。看了一遍又一遍，直到我可以一字不差地背诵出来。

外面的樱花开得热闹，一如我们之间的爱情，炙热且绚烂。

"米果，我们去图书馆好不好？"

我拿着言情小说轻轻敲她的头，小妮子别过脸去，挂着得意扬扬的笑容。

她将志愿重新改过填报了上去。我真不敢想，如果没有那一天的见面，我们是不是会又一次的背道而驰。

幸好。

幸好这一次，我将幸福牢牢地抓紧在了自己的手心里。

那些散落在阳光里的温暖

陪梁笑笑度过漫长岁月

左 海

1

我叫梁艾嘉,今年十八岁,高三快毕业了。

我不是特别漂亮出挑的那种女生,不会花很多很多时间打扮自己,不会站在衣橱前为挑一条完美的裙子而一筹莫展。我喜欢白色的款式简单的衣服,留着特别好打理的短发,课间时间不聊八卦,顶多趴在阳台边上看那些枝繁叶茂的大树。

当然了,也会有男孩子写情书给我,字迹努力地保持工整,话语里有青春期的少年特有的单纯可爱。其实,被人喜欢是一件特别美好的事情,我也像所有情窦初开的女孩子一样,想在一点一点流逝的高中岁月里,邂逅一段美好的感情。

看完情书以后,我会去和男孩子见面,可是我说的第一句话从来不是"我答应和你在一起",而是"其实,我还有一个弟弟"。男孩子几乎都会困惑地皱皱眉头问我:"这有什么关系?"于是,我就会带他去见我最疼爱的弟弟。每个男孩子看到我弟弟之后,先是主动上前介绍自己,然后再过那么几分钟,他们就会借口有事离开,或者直接转身落荒而逃。

每当这个时候,我就会微笑着朝弟弟走过去,温柔地抱住他,摸摸他柔软的小脑袋说:"笑笑你看,每一个喜欢嘉嘉的男孩子都不喜欢笑笑,他们真是太可恶了,嘉嘉也不会喜欢他们了。"

我的弟弟叫梁笑笑,今年十岁了,可却从来没有上过一天学。他两岁时被诊断为孤独症,当医生告诉我们这个残酷的消息时,妈妈当场哭晕过去,爸爸绝望地坐在沙发上静静地点燃一支烟。唯独我走到笑笑的婴儿床边,轻轻地碰了碰他稚嫩的红嘟嘟的小手说:"梁笑笑你好,我叫梁艾嘉,我是你的姐姐。"

笑笑和其他小孩子一样,在一岁左右学会走路。可是他从来不和家人互动,连眼神都避免接触。原本应该开口说话的年纪,他却不愿与任何人亲近,甚至不会发出简单的"嗯,啊,哦"这样的字音。尽管如此,我却从来不讨厌他，反倒更加疼惜。我和他说话，和他一起玩游戏，甚至一起蹲在角落里发呆。笑笑从来不理我，我却一点儿也不难过不生气。

笑笑六岁那年，我已经念初中了。有一天，爸爸妈妈出门在外，把我放在家里照顾他。笑笑如往常一样待在卧室里，他有属于自己的世界，我知道这个时候是不可以随便打扰他的。

我躺在客厅的沙发上看动漫电影，昏昏欲睡，不一会儿就伴随着动漫电影的背景音乐做起了美梦。大概过了半个钟头，我竟然在梦里意识到笑笑一个人待在卧室，然后猛地一下从沙发上坐起。令我惊讶的是，笑笑就站在我的面前，歪着脑袋面无表情地看着我衣服上的图案，好像在看一样属于他那个世界的东西。

我宠溺地碰了碰笑笑的小脸，他慢慢转过身朝卧室走去，途中停下来扭头看了我一眼，我猜他是在邀请我去参观他的卧室。

卧室的地板上七零八落地布满了纸张和彩笔，原本洁白的墙壁被涂得五颜六色。那些简单俏皮的线条歪歪扭扭地相互触碰融合，大块大块的色彩像彩虹一样散布。我惊喜地触摸着那面无比珍贵的墙壁，低头对坐在地上捡彩笔的笑笑说："笑笑真了不起，姐姐长大了挣好多好多钱，给笑笑开个人展好不好？"

笑笑抬了一下头，又继续低头沉浸到自己的世界里。我知道他一定是想点点头说好，只是，他是个特别害羞的小男生。

2

初三那年，学校为了在中考中取得更优异的成绩，把晚自习的时间延长到晚上九点。为此我感到特别难过，因为随着年龄增长，笑笑的病情有所改善，开始对周围更多的事物感兴趣，而且还偶尔和家人互动，这已经是非常大的进步了。每天晚上回到家，我都累得精疲力竭，简单洗漱后倒头就睡，根本没时间去笑笑的卧室里看一看他。

学校已经取消了体育、美术、音乐等课程，课程表上密密麻麻地被语数外理化填满，一张试卷刚刚做到一半，就有老师拿了新的试卷来。其实每张试卷中间都有好多题目是重复的，或者仅仅只是变换了一下形式，真不知道做这么多题到底有什么用。每当到了下午，我就感觉身体里的能量已经全部消耗殆尽，晚自习眼皮总打架，心情特别郁闷烦躁。

有一天回到家已经累得够呛，刚刚躺到床上就听见从笑笑的卧室里传来砸东西的声音。一开始我不以为然，心里想着他闹一闹就会安静下来，可是时间一分一秒地流逝，笑笑根本没有停下来的意思。压抑了一整天的情绪终于爆发，我气冲冲地扭开笑笑卧室的房门，看见他把屋里的东西砸得乱七八糟。

"梁笑笑，你到底有完没完！姐姐累坏了要休息你知道吗！一天到晚闹腾，你到底是想干吗！"我几乎是咆哮着说完这句话的。

笑笑垂着头不看我，慢慢地站起来，又缓缓地蹲坐在地板上，手指张开划来划去。我就这样喘着粗气看着他无声的表演，渐渐地恢复平静。我知道我做了一件特别错误的事情，我不仅不能正确地理解他的世界，相反的，还对他的世界表示厌恶，我真的不是一个好姐姐。

我一点一点地靠过去，和笑笑一样蹲坐在地板上。我笑着说："笑笑，对不起，姐姐不该发那么大的脾气，原谅姐姐好不好？"

笑笑站起身，脱下鞋子安安静静地躺在床上，侧身面向墙壁。我听到他轻轻的平缓的呼吸，我知道他已经原谅我了。

中考过后，我以还算不错的成绩升入重点高中。那所高中是寄宿制学校，每一个学生不论家离学校是远是近，都必须在学校住宿，只能在礼拜天回家休息。

开学那天，爸爸妈妈帮我提行李到学校，笑笑也跟着来了。整理好宿舍之后，马上就要召开班级大会，所有亲属必须马上离开学校。

爸爸妈妈叮嘱了几句准备离开。这个时候,笑笑走到我身旁用手指戳了戳我的小腿,我低头看着他圆圆的头顶。他依旧还是不喜欢和任何人有眼神的接触,但是我听到他小小的声音了。

笑笑很认真很缓慢地从嘴巴里说出两个相同的字:"嘉,嘉。"然后,他径直朝前走,跟在了爸爸妈妈后面。

我看着笑笑越变越小的背影,欣慰地笑了。这个可爱的小家伙,他是在跟我说再见呢。虽然他没大没小地叫我嘉嘉,而不是姐姐。但是那有什么关系,他已经开始把我当成他那个世界的一个好朋友了。

3

十岁的笑笑依旧喜欢自己玩自己的,他偶尔会不经意地喊一声"嘉嘉",虽然他不抬眼看我,依旧摆弄着自己手里的玩意儿,但我还是会特别开心地说:"嘉嘉在这儿。"

笑笑似乎很有画画方面的天赋,他画蹲在马桶上撑伞的青蛙,脑袋套在金鱼缸里的无脸男,飞在天空里尿尿的大肥猪,蜷缩着流出彩虹色眼泪的小小少年。他慢慢地愿意和我分享他的作品,他并不是当面把那些美好的图画递给我看,而是在我睡着的时候,从门缝底下塞进我的卧室里来。

我总会竖起大拇指夸赞他说:"笑笑长大了一定是个大画家,嘉嘉以后一定要给笑笑办一个大大的个人展。"他依然会把头埋得很低很低,但是我觉得他是开心的。

已经是春末夏初的季节了,香樟树开始疯狂地生长,距离高考也越来越近。我却在这个时候遇到了一个很特别的男孩子。之所以说他特别,是因为他不仅知道我有一个很特别的弟弟,还觉得他很可爱,而不是像其他人一样觉得我弟弟很奇怪,是个怪胎。

他叫周森,是理科班的奇才,数理化可以拿满分的那种。他戴着一副黑框眼镜,留着一头细碎的短发,穿校服的样子特别好看,完全就是电视剧里邻家男孩的类型。

他说:"梁艾嘉,你一定不能因为有人不喜欢你的弟弟就感到难过,你要知道每个人都有每个人的选择,喜欢或者不喜欢都是一个人应有的权利,你没办法左右。但是,你总会遇到喜欢他的人,比如我。"

我说:"无论你怎么喜欢笑笑都没用,因为笑笑最喜欢的那个人是我。"

"我也很喜欢你呀。"周森无辜地眨了眨眼睛。

"可是比起你,我更喜欢笑笑。"我嘴上这么说,心里却觉得特别幸福。

有一个礼拜天的晚上,周森送我回家。在楼下我正和周森说些道别的话,这时,楼上掉下来一个啤酒瓶盖,我和周森一齐抬头,看见笑笑蹲在客厅外面的阳台上,两只手抓着护栏,小脑袋卡在两根护栏中间。他就那样静静地看着楼下的某个地方,没有表情也不说话。

周森微笑着朝上挥挥手说:"嗨,笑笑你好,我是你姐姐的好朋友,我叫周森,很高兴见到你。"

笑笑抬头往上看了看那轮圆圆的月亮,然后站起身来朝客厅里面走去。

我拍拍周森说:"谢谢你没有觉得我弟弟是个奇怪的小孩儿。"

周森耸耸肩道:"他只是有属于自己的另外一个世界,等他在那个地方待够了待烦了就会回来啦。"

我很感谢周森能说出这样的话,吸了吸鼻子说:"时间不早了,你赶紧回家去吧。"

回到家里,笑笑正坐在沙发上玩自己的脚趾头,我走过去和他坐在一起,也和他一样数着自己的脚趾头,抚摸每个脚趾头骨节处那个小小的凸起。虽然他可能无法理解,但是我想告诉他的是,姐姐永远会在他的世界里陪着他,直到老去。

4

临近高考，学校破天荒地给整个高三年级放了两天假，当作奔赴战场前的最后调整。所有同学都像捡到宝似的，开始三三两两地约起来，准备在即将到来的大战之前痛快地狂欢一下。

周森想让我和他从小玩到大的好友见一见，一起吃个午饭认识一下。到了应约时间我正要出门，本来要留在家里照看笑笑的爸爸临时有急事也要出去，他只好把笑笑托付给我，并千叮咛万嘱咐一定要照顾好他。周森能约到那些不同学校的好友实在不容易，我不好意思扫他的兴，于是决定带笑笑一起去，反正他可以自己玩自己的，应该没什么问题。

我牵着笑笑的手在服务员的带领下往包间走去，笑笑眼睛垂得有点儿低，看着地上铺的那条长长的红毯，手指会不自觉地在我的手心里用力地按一下。他虽然不和我沟通，不太能表达自己的情绪，但是我看得出来他需要我，因为他还不能适应一个全新的陌生的环境。

包间的门被推开了，周森站起来看到我开心地笑了，再看到我身旁的笑笑，脸上的笑容突然间凝固了。他疾步走到我身边小声说："你怎么把笑笑带过来了，等会出了什么事可怎么办？"

"没事的，我会照看好他的。"我很感动，因为我以为周森是在担心笑笑。

席间，周森向我一一介绍他的朋友，有男生也有女生，我很羡慕他有这么多从小玩到大的朋友。在我很小的时候，我就喜欢在家里陪笑笑，等到我突然意识到我也需要朋友的时候，我发现没什么人愿意做我的朋友。因为当我邀请他们来家里做客以后，他们下次见到我都会离我远远的。在他们眼里，我有一个奇怪的家庭和一个奇怪的弟弟。久而久之，笑笑不仅是我心爱的弟弟，也成了我最好的朋友。

周森的朋友正向我揭露周森小时候做过的糗事，笑笑突然躺在沙发上大喊大叫起来，两只小脚用力地蹬来蹬去。我赶紧跑过去抱住他，他在我怀里用力地挣扎，过了好久他的叫声才慢慢地变成了小声地呜咽。

周森的朋友无一不用惊诧的眼光看着我和笑笑，周森也眉头紧蹙，他在餐桌另一端站了三四分钟才缓缓走过来，蹲到我身边拍拍我的背说："好了好了没事了。"然后他转身对他的朋友们说："我看今天就散了吧，咱们高考后再联系。"

太阳火辣辣地炙烤着地面，我牵着笑笑，周森走在我另一边，我们在午后的大街上漫无目的地朝前走，谁也不说话。我偷瞄了周森一眼，他的表情冷冰冰的，好像对于刚才发生的事情有点儿生气。

"刚才的事情对不起，让你觉得很丢脸吧。"我犹豫了好久才跟周森说话。

周森没有看我，眼睛直视前方说："没有。"

"没有就好。"我突然有了一个很好的提议，"天气这么热，不如我们去看电影吧。"

周森这才停下脚步，指了指我身旁的笑笑说："还要带着他吗？"

我说："总不能把他一个人放在家里吧。"

周森说："那他等会儿又在电影院里大闹一场怎么办！"

我被周森的语气吓到了，我说："你用不着这么激动吧。"

"你叫我怎么不激动，原本今天我只想和你和朋友好好地待在一起，你却把他带出来。他要是乖就算了，可是你看看他刚刚那个样子……唉。"

我很难过，原来周森还是觉得这件事情让他在朋友面前很没面子。我更难过的是，我突然不认识眼前这个周森了，我不知道以前那个周森和现在这个周森，哪一个才是真实的。

雪上加霜的事情发生了，笑笑突然蹲在地上，双手捂住耳朵一边摇头晃脑一边大声地尖叫起来。周围好多人都像被施了定身咒一样停下脚步，然后转过头来看向这边。人群里开始议论起来，当我听到"有病""傻子"这样的词后，我蹲下来把笑笑的脑袋抱在怀里。

"笑笑乖，笑笑别怕，嘉嘉在这里，嘉嘉保护你。"我不停地重复这些话，我不可以让笑笑听到人群里传来的那些无比恶毒的话，我更不能让他看到人群里那些可怕的眼神。

我抬了抬头，几乎是用求助的眼光看着周森的，他站在离我半米不到的地方，情绪复杂地看着我，然后脚步一步步往后移，最后转过身往人群深处走去。我绝望地看着他消失的背影，眼泪像断了线的珠子一样一颗一颗地打在我护住笑笑的手臂上。

书上说，当你最需要一个人的时候，他选择了自己的周全，远远地避开你，那么你就会最深刻地体会到值得不值得。

5

回到学校再一次碰到周森的时候，我们不约而同地选择了擦肩而过。其实我很想告诉他，最后的我们没有说分开却已经不在一起了，我从来不怪你，青春里的很多事情都是可以被原谅的,青春里的很多感情也都是会无疾而终的,就像这无疾而终的青春本身。

高考过后,我的成绩下来了,可以选择一个非常不错的一本大学。暑假过得很快,终于到了要和家人道别的时刻。火车站里人山人海,有很多像我一样的孩子背着书包提着行李箱,我们终将要背井离乡去别的地方看一看。

爸爸妈妈还是那么唠叨,要我注意安全,不要减什么肥,和室友和睦相处,等等,等等。笑笑站在一边,看着密集的人群,轻轻地眨眼睛。我蹲下来的时候才发现,笑笑已经长高了长大了,我要微微往上抬一点点头才能看见他的整张脸。我抱住他,在他耳边小声说:"笑笑要好好的,听爸爸妈妈的话。嘉嘉一定会更努力地学习,以后帮笑笑办个人展。"

上了火车,兜里的手机响了。是妈妈打来的,她还是那么不放心我,把刚刚叮嘱过的又重新说了一遍,要离开的时候才知道父母的唠叨那么好听。妈妈的声音突然变小了,好像是把手机拿远了一点儿。

"笑笑,你要不要跟姐姐说再见。"听筒里传来妈妈的声音,然后又变得很安静,我知道妈妈把手机放在了笑笑的耳边,因为我听到笑笑弱弱的温和的鼻息了。

"笑笑,嘉嘉要走咯。"我说完等了好久,听筒里也只有微弱的鼻息。就在我决定放弃,不再勉强笑笑说话的时候，听筒里突然有了动静。

"姐，姐。"

嘟嘟嘟嘟嘟。挂断了。

我心里正在想，笑笑终于不再叫我嘉嘉了，他知道我是他的姐姐。可是马上，我的脑袋里像过了一道电流，我突然后知后觉地明白了一件事情。其实，笑笑从来没有叫过我嘉嘉，他一直在叫我姐姐，只是他不能很好地发出那个音节。而就在刚刚，他终于成功了。我忍不住仰起头笑着哭出了声来。

梁笑笑，你要相信，你未来的路还有很长很长。你会长得很高长得很好看，你可能会变得好一点点，也可能会更糟糕。但是没关系的，姐姐会永远陪着你，把那条很长很长的路走下去，直到尽头。

那些散落在阳光里的温暖

琼雨海

1. 如此的见面礼

认识黄小瓜，纯属意外。

那次，高隆久和哥们儿在微信上胡侃。高隆久忽然来了灵感，说："每天就我们三个大老爷们儿在这里胡诌八扯真没意思，不如我们在学校里也扩大一下朋友圈，认识几个美女，壮大一下我们的队伍。"夏凡宇发了一个坏笑的表情，"你小子是想找女朋友想疯了吧。"曲文一也打趣："别妄想了，还是我们三个光棍一起过后天的光棍节吧。"

光棍节那天，夏凡宇和曲文一正在食堂吃饭，没想到一美女自己送上门来。"嗨，两只光棍。"夏凡宇抬起头，看到黄小瓜明媚的样子，犹如一朵莲俏皮地开放，眼睛久久不敢眨动，生怕梦醒。曲文一摸了一下他的下巴，"嘿，小心下巴掉到碗里了。"

"去去去，你才到碗里去呢。在美女面前可别出我的丑。"夏凡宇一脸讨好相。

"你们俩别争了，还是换个大点儿的碗吧。"高隆久果然端着一大碗米线走了过来。夏凡宇见状二话不说，以"迅雷不及掩耳之势"抢过了鸡腿，高隆久刚要发作，曲文一一把挡住了他的胳膊，"香味挡不住，好东西一起分享嘛。"说着，夏凡宇果然硬生生从鸡腿上撕下了一块肉放进曲文一的碗里。

高隆久转身对着被遗忘的黄小瓜说："这两个家伙平常净这么欺负我，让您见笑了。"然后他一脸正经地指责，"你们俩呀，我这是请黄小瓜吃的。"

夏凡宇把刚塞进嘴的鸡腿吐了出来，僵在那里，黄小瓜笑笑："算了，算了，就当我送他们的见面礼了。"

2. 只若初见的相识

夏凡宇曾无数次追问高隆久是怎么认识黄小瓜的，高隆久总是说微信上认识的，夏凡宇从来不相信。

夏凡宇在学校还是小有名气的，体育部副部长，篮球场上尽显风采，围在他身边拿衣递水的女孩儿真不少，可是她们都喜欢在他面前装作"淑女",没有一个人像黄小瓜那么纯真。

黄小瓜真名叫黄旖旎,这名字是她出生后,她当老师的老妈捧着字典给她取的。可是,她一点儿都不喜欢,"旖旎"给人一种古代闺阁小姐的感觉,这不是她想要的。

她从小就喜欢黄瓜,它的样子翠绿清新,有初春的感觉;她更喜欢黄瓜的香甜清脆,透着阳光的味道。

熟悉的人都叫她"黄小瓜",她喜欢别人这样叫她。

"黄小瓜……"那天午后,高隆久就是这么喊她的。

黄小瓜的肩膀微微颤动了一下,因为除了几个好姐妹,没有人知道她这个名字。黄小瓜转身看到阳光在高隆久的脸上调皮地跳动,她不敢看高隆久的眼睛,她怕这么一看就再也移不开那么雅隽静好的目光。

"这是今年我们校刊的第一期,上面有你投稿的文章,文笔不错,继续加油哦。"黄小瓜无数次幻想着和她崇拜的文学社社长高隆久初遇的场景,此刻面对着偶像,头脑里却是一片空白,什么话也说不出来。

"我能加入你们吗?"黄小瓜冲着高隆久即将转身的侧影问。

"嗯,这是个不错的提议。我们正在扩编呢。"就这样,想加入文学社的黄小瓜被想着另外一件事的高隆久阴差阳错地拉了进来。

3. 如此的合拍

黄小瓜进入之后很快就和他们打成一片，尤其是和夏凡宇，用他的话说，他和黄小瓜的合拍度比高隆久的近视眼镜度数还高。

一个下午，夏凡宇约黄小瓜去一个名叫"心痛的感觉"的咖啡屋，黄小瓜本来对喝咖啡没什么兴趣，可是一听这名字却想去一探究竟。

到了咖啡屋，叫了他们的特色咖啡"心痛的感觉"。咖啡端上来，夏凡宇说了一路，还真是渴了，一口下去……

这哪是"心"痛的感觉，分明是"嘴"痛的感觉……看着夏凡宇伸着舌头，黄小瓜早已笑得前俯后仰了。

4. 这一对活宝

四人中最忙的就数高隆久，他经常托词因为写作和社团的事，不参加每天中午的聚餐。曲文一给他起了个外号"高尔基"，每次别人这样喊他的时候，黄小瓜总是抿着嘴笑，一点儿也不像她平时的样子。

其实，只要有高隆久在场，黄小瓜总是不太爱说话，她喜欢静静地看着，这时候的黄小瓜看起来还真有点儿

"淑女范"，这让她总是很拘谨。

没想到那天高隆久突然说："黄小瓜这么文静的女孩子竟然也能跟夏凡宇聊得来。"

"她还文静？"夏凡宇正要嚷，突然看到黄小瓜一个白眼飞来，后面的话就卡在了喉咙里。

夏凡宇自知说错了话，便去讨好黄小瓜，黄小瓜总是不理他。夏凡宇脸一正，说："那我只好用我的独门绝招了，给你出个超级难的数学题。十个人排队，甲不能站中间，不能站两端，还得和乙挨着，还得和丙隔两个人，还得站丁后面。请问这队怎么站？"

虽然黄小瓜并不生夏凡宇的气，可她就是故意想看他着急的样子，没想到他竟然拿自己最不喜欢的数学题来为难她。"才女，怎么样？不会了吧？"

黄小瓜岂能认输，可是怎么排呢？夏凡宇就喜欢看黄小瓜认真的表情，看着看着就"咯咯"笑了起来，这可激怒了黄小瓜："干脆让甲滚好了……"

"答对了。聪明！"夏凡宇一边夸奖黄小瓜，一边挤眉弄眼地对高隆久说："看，原形毕露了吧。"

气得黄小瓜一掌拍过去："我说的是让你滚。"

"你们俩还真是一对活宝啊。"高隆久感慨道，弄得黄小瓜的脸一阵绯红。

5. 多了一个伙伴

"有你们之后,阳光就像有触角,总是伸向我,暖洋洋的。嘎嘎……"黄小瓜在签名中这么写道。

"青春里的音乐,总是有了跳动的音符才会生动,你就是我们的小精灵。应该是有了你,我们的生活才有了色彩。"高隆久这么说。黄小瓜对着电脑读了几十遍,真是文如其人,只有高隆久才能写出这么美的句子。想着想着,她双手托住下巴,想起那日与高隆久初识的美丽……

"看到最近小瓜结识了新朋友,挺开心的呢。可不能忘了好姐妹哦。"黄小瓜同班好友雅茹插话进来。

黄小瓜发了一个调皮的表情,回复"当然不会了。"

"太阳还会挠痒痒,真是可爱,我们不是又多了一个小伙伴。"看着夏凡宇的评论,黄小瓜"扑哧"一声笑了。

"周末我们去唱歌吧。我特制了一个好玩的罗盘哦。"曲文一的提议总是一呼百应。

6. 聆听我放声的歌唱

等待总是比较漫长的,黄小瓜每天都在日历上打钩,在周末那一天画上一个大大的笑脸,只为这一天的到来。

那一天,他们三个早早地就到了,照例只等高隆久。他们正在商量怎么惩罚一下这小子的时候,高隆久推开门,后面还露出一个女孩子的脸蛋,黄小瓜的笑容僵在那里。

那个女孩儿就是雅茹,黄小瓜准备了一个星期的歌曲,一首也唱不出来了。听着高隆久的男低音,带着沙哑的味道,雅茹跟黄小瓜解释:"都怪高隆久,他一直想把我介绍给他的两个好兄弟。可是,和三个男生在一起,我很害羞,不同意。他就说,他来想办法。可是我没想到他竟想了这么个办法。不过,也挺好的,这样我们在一起的时间更多了,对不对?而且,我听说,夏凡宇可是很多女孩子心目中的'白马王子'哦。"

黄小瓜一个劲儿地点头,她感到很委屈,恨不能推门而去,可是又有什么理由呢?这时,魏晨的一首《梦的怒放》吸引了她,这是她最喜欢听的歌:

"谱写我梦的乐章,有你陪伴我身旁,挺起我坚实的胸膛,炽热的心能燃烧太阳。就给我一双翅膀,让我自由的飞翔。麦克风为我鼓掌,聆听我放声歌唱。就给我一双翅膀,拥有冲破云霄的力量,期待着最后的怒放。"

"黄小瓜,你发什么呆?这可不是我认识的小太阳,过来一起啊。"夏凡宇在唱歌时一本正经的样子,没有了平日的痞子样,还真是有一种难以抵挡的吸引力。

"好吧。来个中场休息,大家玩一会儿罗盘。看黄小瓜没精神的样，你先来摇。"曲文一适时的过来缓解气氛。

黄小瓜一摇，指针指在了"真心话大冒险"上面，大家都起哄："真心话，真心话……"

黄小瓜拿过麦克，眼角含着泪说："在我们的青春年华里，有没有一种美丽能成为永恒？有没有一种回忆能成就感动？结识你们的日子里，我一直没有弄明白，现在这一刻我恍然，那不就是我们的友情，在一起的点点滴滴。切记：且行且珍惜。"

黄小瓜的几句话，温润了在场每一个人的心，他们的手紧紧地握在了一起。

7. 心被温暖的女孩儿

第二天清晨，黄小瓜来到学校，抽屉里竟然多了一张纸条："清晨，我拉开窗帘，阳光便斜斜地映进了房间，让我想起了一个叫'黄小瓜'的可爱女孩儿，心便被温暖。打开窗户，寻去，不远处是一片花海。这个世界总有一朵花是为你而开放，带着淡淡的芳香和与众不同的美，只要勇敢，什么也阻止不了你迎向苍穹，积极绽放光芒的力量。"

纸条没有署名，但是黄小瓜一猜就知道是谁写的，她做了一个"Yes"的手势，灿烂地笑了。

等风吹净沙

林 文

接到许安安电话的那一刻,我有些恍惚,几乎以为自己看错了。两年来不曾在我手机上闪烁的名字,伴着急促的铃声和阿狸的头像突兀地闪进了我的视线。

手机一直响着,我心里犹豫不决。时隔两年再接她的电话,对我来说,实在是一种挑战。我盯着手机上的号码看了足有三十秒,熟悉的数字在过去的七百多个日子已经被时间慢慢蒸发淡化,如今已经变得无比陌生了。

铃声停止,对方挂断了手机。屏幕亮了一会儿,回到了主界面,最终显示为陌生人的未接来电。忍住拨回去的冲动,我颓然放下手机。口中却不由自主地叫出那个人的名字:"许安安。"

1

许安安曾经问过我:"什么是闺密?"当时我觉得她无聊就没搭理她。于是,她一边恶心地狂笑一边用抄袭的张爱玲的话解释给我听:"闺密就是你于千万人之中,遇见你要遇见的女孩儿。"许安安痴迷张爱玲到癫狂的地步,每日耳濡目染之下,我被迫将这句话记得死死的。

我想,许安安就是我于千万人之中遇见的那个女孩儿。

第一次见她是在高一开学的班会上。班主任站在台上首先做自我介绍:"各位同学,很高兴能在新的学期和你们见面,我将是你们未来三年的班主任。我叫林之!"

"林平之?"台下忽然有人叫了一声,全班同学哄的一声笑了。我一边捂着嘴,一边偷看班主任的反应。遇到这种嘲笑,他脸该气绿了吧!

出乎意料,班主任并没有生气,反倒是好脾气地笑笑,"每次接高一新生的时候,都会遇到这种情况,鉴于金庸老先生的大作,大家对我的名字格外敏感些。这位同学会误会,也在我意料之中。没关系,是哪位同学说的,站起来,我再为你做一次自我介绍。"

台下的目光刷地一下集中到我这里,我的脸噌地红了。刚想开口说不是我,身后就有一个微弱的声音传来:

"是我说的，老师。"

我回头看，身后靠窗的位子上坐着一个女生，唇红齿白的，长得很漂亮。此刻，被全班关注的她脸色绯红，更显娇羞。

眼见是个美女，班里的男生不由得发出"哦哦"的声音，惹得那个女生更加脸红，头几乎低到座位下面去了。

班主任大概没想到会是个漂亮女生，依然和蔼地笑着，"原来还是个女生啊！我以为是哪个男生恶作剧呢！想你也不是故意的，我再说一遍，可要听好了，我叫林之，不是林平之。"

"灵芝？千年灵芝？"女孩儿小声地问道。

教室里忽然安静了，片刻后，同学们都仰头哈哈大笑起来，笑声较之前有过之而无不及。伴随着笑声，我回头再去看那个女孩儿，她微低着的脸上，嘴角上扬，同样勾着一抹肆意的笑容。

这个女孩儿便是许安安。

2

本以为那天之后，班主任肯定会非常讨厌许安安，毕竟没有谁能在别人当众戏弄自己之后还能对其和颜悦色，更何况，嘲弄自己的还是自己班上的学生。

然而，我想错了。班主任非但没有讨厌许安安，反而对她出奇地优待。平日的嘘寒问暖就不说了，把她叫到办公室私下为她授课讲题更是家常便饭。我十分不解，对这样一个可以说是问题少女的学生，班主任哪来的这么好的度量。难道真是教师的道德操守使然？

  一个月后，我得到了答案。

  开学后的一个月，按照惯例，是要进行摸底考试的。考场设置是根据入学成绩来划分的，每个考场二十人，按成绩排座位，许安安在第一考场的第五座位。我终于明白了，班主任对许安安的区别对待完全是因为她出色的成绩，校排名第五的成绩足够让他能够培养出一个考入名校的学生，也最有潜力成为他教学生涯中的又一枚硕果。

  月考成绩出来，许安安果然没让班主任失望，入学考试排名全校第五的她居然还上升了两个名次，荣升全校第三。她的答卷被班主任复印出来贴在公示栏上，娟秀的字迹、干净的卷面被来往的同学不停地称赞。许安安的座位也被一帮好学的女生围住，个个都拿着试卷不停地向她请教问题。

  我坐在座位上，瞅着试卷上让人难以接受的分数。失望和自卑奔涌而至，压住向许安安求助的念头。下唇被自己咬得生疼，我不由地转头去看许安安，幻想着这一刻，她会感受到我的目光能够走过来。

  然而，这一切并没有发生，所有的一切都是一个差生对一个优生的幻想，希冀能够得到帮助的愿望，从来都没有实现。

　　好强的我因为自卑，在月考结束的一个礼拜都在躲避着许安安。其实也说不上是躲，因为许安安从来没有注意过我，所以对我刻意的远离，她并没有什么感觉。甚至，刚开学一个月，她都不知道班里还有个如此沉默而平凡的我。

　　等到她真正注意我的时候，她已经是班里新当选的班长了。

3

　　当上班长的许安安变得更加热心起来，她按照从班主任那里要来的月考成绩单挨个找同学谈话。那一段时间，下午放学后，她并不立刻去吃饭，也不做题看书，反倒是拉着某位同学去操场，说是要进行思想了解。

　　思想了解？她以为自己是德育老师还是教导主任。真是不自量力，仗着自己成绩好，就可以教训别人了吗？她真是像极了优生一贯的高傲自大。

　　揣着这种想法，等许安安拉我去操场的时候，我的态度显得无比恶劣。

　　那天下午五点半，数学老师讲完了练习，准时下课。同学们蜂拥出门，去食堂吃饭，或是骑车赶回家。我课上有几个地方没听懂，准备好好看看再去吃饭。

许安安的声音忽然在耳边响起:"程静,你不着急去吃饭吧?"

我以为是好心邀我一起去吃饭的同桌,于是头也没抬,"嗯"了一声,说:"我等下再去,你们先走吧。"

右臂忽然被人拽住,我惊讶,一抬头看见许安安微笑着的脸。

"既然不着急吃饭,那和我出去一下吧,我有事和你说。"

说完,也不管我愿不愿意,扯着我的胳膊只把我往外拖。她人不大,个子小小,手上的劲儿却出奇的大。我被她拉着,想挣也挣不开,迷迷瞪瞪,被她拖到了操场。

"有什么事?在教室里不能说吗?非要到这儿来。"我有些恼怒,一路被人拉扯的右臂,隐隐作痛。我气恼地揉着胳膊,瞪着许安安。

"这是——"许安安从口袋里掏出一张纸,是月考的成绩单。我见状立刻明白,冷声打断她:"你要来分析我的成绩吗?你想用这个来教训我吗?"

许安安大概没想到我会发火,一时间,有些愣怔。我越说越气,指着她道:"成绩好了不起吗?成绩好就可以教训别人吗?你想来教育我,我偏不领你的情。"

许安安半张着嘴,似乎想说什么,可是却什么都没说。我怒视着她,她把成绩单递到我面前,"我没有别的意思,我只是想帮你,毕竟我是班长。"

她可怜兮兮地解释，我一时有些心软。的确，许安安这么做是想帮我，只是她的方式和态度伤害了我过于强烈的自尊心。我深吸一口气，平复了一下心情。

许安安见我似乎不那么生气了，才小心翼翼地问我："你是不是讨厌我？"

我一愣，讨厌许安安？说不上。喜欢她？不至于。充其量，只是对她这样优秀的女孩子有些羡慕和嫉妒罢了。

我摇头，说："不是，我只是不像其他同学那么喜欢你吧。你不是挺受大家欢迎的吗？也不必在意我的看法吧！"

许安安扑哧一下笑了，她歪着头看我，"你这话听起来，倒像是你在嫉妒我！"谁嫉妒你？我刚想反驳，忽然想到这是事实。难道不是吗？我的确是在嫉妒着她。

许安安见我不说话，收敛了笑意，沉默片刻，忽然开口道："程静，如果我跟你说，我之所以会有这样优秀的成绩是因为我是从高中退学重读的，你会不会不那么讨厌我。"

空气似乎眨眼间静止，我耳边飘来许安安的声音也变得不真实起来。我诧异地瞪大眼睛，几乎要把眼珠都掉出来。刚刚听到的重磅消息，瞬时在我脑中掀起一场狂风。

"什么退学重读？你什么意思？"

许安安神色瞬间黯然起来，她叹了一口气，"其实，我并不是新生。我之前在别的学校念过一年高一，后来，因为一些事退学,重新上初三然后和你们一起考到了这里。"

"你为什么会被退学,明明这么好的成绩?"我心中讶异。

"因为一些乱七八糟的事,你不会喜欢听的,我也不想再提。"许安安笑道,"其实,我原来的成绩也不好,只是比你们多学了一年,多少占些优势罢了。"

我还是有些怀疑,"你不是也十六吗?怎么会比我们高出两届来?"

许安安哈哈大笑,"那是因为,我谎报了年龄啊!要是不骗你们的话,我的旧事不就被你们挖出来了,比你们大两岁,让我的面子往哪搁!"

我哑然。

那天之后,我和许安安的关系亲密了很多。也许是交付了秘密的原因,许安安在我面前,明显自然多了。有时候,在人前,一副有担当有责任的好班长形象,到了我这儿,就成了一个只知道耍赖的小气鬼。男生跟前的娇羞文静也在我面前荡然无存,无数次地当着我的面大呼小叫,半点儿淑女样子都没有。

我成了许安安最亲密的朋友,也成了某些同学艳羡的对象。许安安的美貌早在开学之初就已经传遍全班,经过了月考,她更是被冠上了才貌双全的名头。学校的优秀学生展示栏上,她的照片被贴在第一排。来往的男生经过这里，总是不自觉地瞄上两眼。

高一相较另外两个年级还是轻松许多，不需上课的周末，总是有莫名其妙的男生出现在我们班的窗前。也不找人，也不走，来来回回地逡巡，还不时地探头进去。

我知道，他们都在看许安安。

这些个暗恋者们的来访，许安安丝毫不放在心上，面对各式的热烈的目光，许安安一概冷眼相对，时不时地还会狠狠地瞪回去。

我问她："为什么不接受？"

她说："我只想好好读书，不想谈恋爱。"后来，我才知道，许安安之所以会被退学，就是因为两个男生因为她斗殴，导致双双受伤休学。她作为始作俑者，必然在学校里待不下去。

失去了爱情，我以为许安安会分外珍惜友情，我们的友情会这样一直持续下去，比爱情还要长久。可是没想到，高一结束那个暑假，我们便结束了还不到一年的友谊。

4

暑假到来前的最后一场考试，极其重要。因为这关系到高二分班和各种奖励以及先进评比。班主任在考试前宣布，学校要组建实验班，选拔这次考试的年级前三十名学生进入其中。实验班是学校的精英班级,会配备最优秀的老师。班主任鼓励我们,要务必努力考进去。

彼时,在许安安的帮助下,我的成绩有了很大的提升,从早先的两百名开外上升到了年级前二十名。考取实验班,我志在必得。至于许安安,更不用担心了,她从高一开学到现在,成绩从没跌出过前十,最差的一次也是第六名。所以,我们俩都对这次进入实验班信心十足。

即便如此,许安安还是有些担心我,我虽然成绩上升得很快,但由于基础不够扎实,所以成绩总是不够稳定,再加上做题不够细心,卷面也不整洁,许安安担心我会发挥失常。我笑着安慰她,保证一定会通过,她才安心。

临到进考场,许安安嘱咐我要带好准考证件和文具。她说,期末考试不同于其他考试,是严格仿效高考模式的,所以要我务必谨慎。她坚持要检查我的文具包,生怕我漏掉了东西。我笑着推她离开,要她安心。

许安安的举动让我暖心,能被这么一个朋友关心,我着实感到高兴。直到监考老师进了教室,我还咧着嘴笑呢!

开考了,照例是要检查准考证的,监考老师看着证件上的照片和我的脸比对,确定无误后才走开。

我放好证件,正要拿笔的时候,忽然,前面的许安安叫了起来:"我准考证忘带了!"

闻言,我也紧张了起来,不顾有老师在,连忙站起来，问她："你是不是落在教室里了？你好好想想，时间还来得及，你回去拿吧！"

她转头请示监考老师，老师似乎也认得她这个优等生，点了点头，放她出去。还不忘嘱咐道："一定要在开考后十五分钟之内回来，否则你就被取消资格了。"

也不知道许安安听没听到，反正她飞一般地蹿出了教室。我坐在教室里，暗暗为她着急。

时间一分一秒地过去，直到开考发卷她也没回来。又过了大约十分钟，监考老师看了看门外，并没有许安安的踪迹，叹了一口气，关上了门。

许安安没有回来，直到考试结束，考场里也没见她的踪影。监考老师在她空白的答卷上画了一个大大的零，收了起来。

我心一紧，担心她出事，连忙一路飞奔回去，推开教室门，空无一人。

我越发担忧，许安安跑到哪里去了？刚想去寝室找找看，忽然，教室的桌椅动了一下，许安安的头冒了出来。她坐在我的座位上。

我松了一口气，有些不悦地质问她："你在这做什么？怎么不去考试？"

许安安没有我意料中的轻快神色，低着头，声音有些沙哑，"是你拿了我的准考证？"

"什么？"我不明白，她抬起头，把手里的一个笔记本递到我跟前。我一看，是我的笔记本，被打开了，中间赫然夹着一张准考证。

我一下子蒙了，突然想起，昨天晚自习结束后，许安安过来给我讲解数学题，离开的时候，把准考证落在了我的桌子上，本想还给她的，可是忍不住想让她着急一下，就顺势夹在了笔记本里。

我开口解释："安安，我不是有意的，这是你昨天落在我这儿，我顺手捡起来的。"

许安安忽然暴怒起来："顺手捡起来，然后藏在写满我坏话的笔记本里？是这样吗？"

我愣愣地看着她，她将笔记本扔到我怀里，我接过来一看，当时就傻了。这页笔记的背面写满了字：许安安很讨厌，许安安是个自私鬼，许安安自以为是……

这完全是我的恶作剧。本来想让许安安过生日那天看到，等她生气的时候再说明事实，送上生日礼物的。没想到在这种情况下被她看到了。我连解释的余地都没有，许安安更不会听我的解释。她抢过自己的准考证，跑出了教室。

之后的几天，许安安再也没搭理我，每次我想要找机会跟她解释的时候，她都会找借口回避，甚至当众给我难堪。碰了几次壁，我也生气了，不再搭理她。心想着，等考试结束再和她慢慢解释。

最后一场考试，是英语。也许是快要放假的缘故，大家似乎都有些放松，监考老师也不来回地巡视了。当然，第一考场的学生足够优秀，不需要借助抄袭来取得好成绩。监考老师也很放心，因而，听力过后不久，他们便在一前一后寻了空位坐了下来。

离考试结束还有四十分钟，我只剩下英语作文了。看了看周围，大家或在皱眉思索，或在奋笔疾书。下意识地瞥了一眼许安安，惊奇地发现她也在看我。只不过刚一触碰到我的目光便收了回去。我心中好笑，她还是关心我的吗？居然考试的时候还在偷看我。

忽然，一阵手机铃声响起，全班一震，纷纷抬起头来寻找声音的来源。我本能地望向我的上衣口袋，腹部传来的震动声表明，那部手机就在我的身上。

当时我就傻了，呆愣着掏出手机，看着屏幕上的闹钟提醒。11点闹钟，我从来没设过。监考老师已经走过来了，我抬头看他，他表情严肃而鄙夷，"拿出来吧！"

我几乎要哭出来了，本能地抬头去看许安安，我希望这个时候，有一个人能站出来替我说话。可是，许安安没有回头，在所有人都在看我的时候，她没有回头。我看不见她在干吗，但是，我知道，这一刻，她并没有在做题。

之后的一切可以预见，监考老师没收了我的答卷，判了我作弊，将我驱逐出考场。这场英语，我得了零分。

几天后，我才知道是谁在我手机上动了手脚。是我的同桌，借着近水楼台的便利，他拿了我的手机，设了闹钟然后偷偷放入我的口袋。

我没有怪他，因为他说，这一切都是许安安指使的。他给我看了许安安发给他的短信，事情真相一目了然。

5

期末考试后，我和许安安彻底绝交了。曾经无比珍视的友情在遭遇到质疑和背叛之后已经变得面目全非，再也无法去正视了。

暑假归来，班主任宣布了新的消息，由于有人举报，学校的实验班计划搁浅。那场考试成了一场单纯的期末测试。

我听到这个消息，只觉得悲哀难过。这场考试葬送了我和许安安的友谊，曾经我们为之奋斗的东西成了过眼云烟，心中仿佛压了千斤重秤砣，堵得不得了。

我们绝交后不久，许安安被她爸送去了省一中就读。我则进入了文科班学习。学业日渐加重，我们断了联系。直到高考结束，她也没给我打一个电话分享考试情况。

前不久，我的手机显示有一条新短信，是许安安发来的。她说："下周末我过生日，定了包厢唱歌。你得到场，不来我就灭了你。"

我会心地笑了，熟稔的口气一如从前。我又想起她语文作文里面的一句话，青春像是一条澄澈的溪流，贪玩的我们不小心在里面撒上了沙子。然而,风会不断地吹来,涤净流水,等风吹净了沙子,青春的河依旧会流淌不息。